百部红色经典

青春

李大钊 著

北京联合出版公司
Beijing United Publishing Co.,Ltd.

图书在版编目（CIP）数据

青春 / 李大钊著. -- 北京：北京联合出版公司，2021.7（2025.12重印）

（百部红色经典）

ISBN 978-7-5596-5096-2

Ⅰ.①青… Ⅱ.①李… Ⅲ.①李大钊（1889-1927）—选集 Ⅳ.①B261

中国版本图书馆CIP数据核字(2021)第030933号

青春

作　　者：李大钊
出 品 人：赵红仕
责任编辑：徐　鹏
封面设计：赵银翠

北京联合出版公司出版
（北京市西城区德外大街83号楼9层 100088）
北京新华先锋出版科技有限公司发行
北京雁林吉兆印刷有限公司印刷　新华书店经销
字数163千字　787毫米×1092毫米　1/16　14印张
2021年7月第1版　2025年12月第6次印刷
ISBN 978-7-5596-5096-2
定价：49.00元

版权所有，侵权必究
未经书面许可，不得以任何方式转载、复制、翻印本书部分或全部内容。
本书若有质量问题，请与本社图书销售中心联系调换。电话：（010）88876681-8026

出版前言

为庆祝中国共产党成立100周年，全面展现中国共产党成立以来中华民族辉煌的发展历程、取得的伟大成就和宝贵经验，集中体现中华民族的文化创造力和生命力，北京联合出版公司策划了"百部红色经典"系列丛书，希望以文学的形式唱响礼赞新中国、奋斗新时代的昂扬旋律。

本套丛书收录了近一百年来，描绘我国人民在中国共产党的领导下艰苦奋斗、开拓创新、改革开放的壮美画卷，充分展现我国社会全方位变革、反映社会现实和人民主体地位、弘扬社会主义核心价值观、讴歌中华民族伟大复兴中国梦的100部文学经典力作。

本套丛书汇集了知侠、梁晓声、老舍、李心田、李广田、王愿坚、马烽、赵树理、孙犁、冯志、杨朔、刘白羽、浩然、李劼人、高云览、邱勋、靳以、韩少功、周梅森、石钟山等近百位具有代表性的中国现当代著名作家。入选作品中，有国民革命时期探索革命道路的《革命的信仰》《中国向何处去》，有描写抗日战争的《铁道游击队》《敌后武工队》《风云初记》《苦菜花》，有描绘解放战争历史画卷的《红嫂》《走向胜利》《新儿女英雄续传》，有展现新中国建设历程的《三里湾》《沸腾的群山》《激情燃烧的岁月》，有寻找和重建民族文化自信的《四面八方》，也有改革开放后反映中国社会现状、探索中国道路的《中国制造》，同时还收录了展现革命英雄人物光辉事迹的《刘胡兰传》《焦裕禄》《雷锋日记》等。

  本套丛书讲述了丰富多样的中国故事，塑造了一大批深入人心的中国形象，奏响了昂扬奋进的中国旋律。这些经历了时间检验的文学作品，在艺术表现形式、文学叙述方式和创作技巧等方面都具有开拓性和创造性，作品的质量、品位、风格、内涵等方面都具有很高的水准，都是有筋骨、有道德、有温度的优秀作品，很多作家的作品都曾荣获"五个一工程奖""茅盾文学奖""鲁迅文学奖""国家图书奖"等奖项。

  为将该套丛书打造成为集思想性、艺术性、时代性为一体，展现新时代文学艺术发展新风貌的精品图书，北京联合出版公司成立了由出版界、文学艺术界的资深专家和学者组成的编辑委员会。他们从文学作品的历史价值、文学价值、学术价值、现实意义等维度对作品进行了深入细致的研读和筛选，吸收并借鉴了广大读者的意见与建议，对入选作品进行深入细致的分析与综合评定，努力将"百部红色经典"系列丛书打造成为政治性、思想性和艺术性和谐统一的优秀读物，向伟大的中国共产党成立100周年这一光荣的日子献礼！

目 录

辑一 哲 思

《晨钟》之使命——青春中华之创造 // 002

青　春 // 009

矛盾生活与二重负担 // 023

动的生活与静的生活 // 028

真理之权威 // 031

今 // 035

新的！旧的！ // 039

现代青年活动的方向 // 043

现在与将来 // 049

"少年中国"的"少年运动" // 051

今与古——在北京孔德学校的演讲 // 056

时 // 061

辑二 时 评

068 // 隐忧篇

072 // 国民之薪胆

083 // 新中华民族主义

086 // 东西文明根本之异点

102 // 庶民的胜利

105 // 战后之世界潮流——有血的社会革命与无血的社会革命

110 // 平民主义

辑三 论 学

政论家与政治家（一） // 134

政论家与政治家（二） // 139

我的马克思主义观（节选） // 142

物质变动与道德变动 // 171

由经济上解释中国近代思想变动的原因 // 191

自由与秩序 // 200

史学与哲学（节选）——在复旦大学的演讲 // 202

史学要论（节选） // 211

辑一

哲思

《晨钟》之使命
——青春中华之创造[1]

一日有一日之黎明，一秋有一秋之黎明，个人有个人之青春，国家有国家之青春。今者，白发之中华垂亡，青春之中华未孕，旧秋之黄昏已去，新秋之黎明将来。际兹方死方生、方毁方成、方破坏方建设、方废落方开敷之会，吾侪振此"晨钟"，期与我慷慨悲壮之青年，活泼泼地之青年，日日迎黎明之朝气，尽二十秋黎明中当尽之努力，人人奋青春之元气，发新中华青春中应发之曙光，由是一一叩发一一声，一一声觉一一梦，俾吾民族之自我的自觉，自我之民族的自觉，一一彻底，急起直追，勇往奋进，径造自由神前，索我理想之中华，青春之中华，幸勿姑息迁延，韶光坐误。人已汲新泉，尝新炊，而我犹卧榻横陈，荒娱于白发中华、残年风烛之中，

---

[1] 本书收录的作品均为李大钊的代表作。其作品在字词使用和语言表达等方面均具有鲜明的时代特色。此次出版，根据作者早期版本进行编校，文字尽量保留原貌，编者基本不做更动。

沉鼾于睡眠中华、黄粱酣梦之里也。

外人之诋吾者，辄曰：中华之国家，待亡之国家也；中华之民族，衰老之民族也。斯语一入吾有精神、有血气、有魂、有胆之青年耳中，鲜不勃然变色，思与四亿同胞发愤为雄，以雪斯言之奇辱者。顾吾以为宇宙大化之流行，盛衰起伏，循环无已，生者不能无死，毁者必有所成，健壮之前有衰颓，老大之后有青春，新生命之诞生，固常在累累坟墓之中也。吾之国家若民族，历数千年而巍然独存，往古来今，罕有其匹，由今论之，始云衰老，始云颓亡，斯何足讳，亦何足伤，更何足沮丧吾青年之精神，销沉吾青年之意气！吾人须知吾之国家若民族，所以扬其光华于二十稘之世界者，不在陈腐中华之不死，而在新荣中华之再生；青年所以贡其精诚于吾之国家若民族者，不在白发中华之保存，而在青春中华之创造。《晨钟》所以效命于胎孕青春中华之青年之前者，不在惜恋黮黮就木之中华，而在欢迎呱呱坠地之中华。是故中华自身无所谓运命也，而以青年之运命为运命；《晨钟》自身无所谓使命也，而以青年之使命为使命。青年不死，即中华不亡，《晨钟》之声，即青年之舌，国家不可一日无青年，青年不可一日无觉醒，青春中华之克创造与否，当于青年之觉醒与否卜之，青年之克觉醒与否，当于《晨钟》之壮快与否卜之矣。

过去之中华，老辈所有之中华，历史之中华，坟墓中之中华也。未来之中华，青年所有之中华，理想之中华，胎孕中之中华也。坟墓中之中华，尽可视为老辈之纪录，而拱手以让之老辈，俾携以俱去。胎孕中之中华，则断不许老辈以其沉滞颓废、衰朽枯窘之血液，侵及其新生命。盖一切之新创造，新机运，乃吾青年独有之特权，老辈之于社会，自其长于年龄、富于经验之点，吾人固可与以相当之敬礼，即令以此自重，而轻蔑吾青年，嘲骂吾青年，诽谤吾青年，凌辱吾青年，吾人亦皆能忍受，独至并此独有之特权而侵之，则毅然以用排除之手段，而无所于踌躇，无所于逊谢。须知吾青年之生，为自我而生，非为彼老辈而生，青春中华之创造，为青年而造，非为彼老辈而造也。

老辈之灵明，蔽翳于经验，而青年脑中无所谓经验也。老辈之精神，局膈于环境，而青年眼中无所谓环境也。老辈之文明，和解之文明也，与境遇和解，与时代和解，与经验和解。青年之文明，奋斗之文明也，与境遇奋斗，与时代奋斗，与经验奋斗。故青年者，人生之王，人生之春，人生之华也。青年之字典，无"困难"之字，青年之口头，无"障碍"之语；惟知跃进，惟知雄飞，惟知本其自由之精神，奇僻之思想，锐敏之直觉，活泼之生命，以创造环境，征服历史。老辈对于青年之道义，亦当尊重其精神，其思想，其直觉，其生命，而不可抑塞其精神，其思想，其直觉，其生命。苟老辈有以柔顺服从之义规戒青年，以遏其迈往之气、豪放之才者，是无异于劝青年之自杀也。苟老辈有不知苏生，不知蜕化，而犹逆宇宙之进运，投青年于废墟之中者，吾青年有对于揭反抗之旗之权利也。

今日之中华，犹是老辈把持之中华也，古董陈列之中华也。今日中华之青年，犹是崇拜老辈之青年，崇拜古董之青年也。人先失其青春，则其人无元气；国家丧其青年，则其国无生机。举一国之青年，自沉于荒冢之内，自缚于偶像之前，破坏其理想，黯郁其灵光，遂令皓首皤皤之老翁，昂头阔步，以跻于社会枢要之地，据为苑丘终老之所，而欲其国不为待亡之国，其族不为濒死之族，乌可得耶？吾尝稽究其故矣，此其咎不在老辈之不解青年心理，不与青年同情，而在青年之不能与老辈宣战，不能与老辈格斗。盖彼老辈之半体，已埋没于黄土一抔之中，更安有如许之精神气力，与青年交绥用武者。果或有之，吾青年亦乐引为良师益友，不敢侪之于一般老辈之列，而葬于荒冢之中矣。吾国所以演成今象者，非彼老辈之强，乃吾青年之弱；非彼旧人之勇，乃吾新人之怯，非吾国之多老辈多旧人，乃吾国之无青年无新人耳！非绝无青年，绝无新人，有之而乏慷慨悲壮之精神，起死回天之气力耳！此则不能不求青年之自觉与反省，不能不需《晨钟》之奋发与努力者矣。

由来新文明之诞生，必有新文艺为之先声，而新文艺之勃兴，尤必赖有一二哲人，犯当世之不韪，发挥其理想，振其自我之权威，为自我觉醒之绝叫，而后当时有众之沉梦，赖以惊破。欧人促于科学之进步，而为由耶教桎梏解放之运动者，起于路德一辈之声也。法兰西人冒革命之血潮，认得自我之光明，而开近世自由政治之轨者，起于孟德斯鸠、卢骚、福禄特尔[1]诸子之声也。他如狄卡儿、培根、秀母[2]、康德之徒，其于当世，亦皆在破坏者、怀疑主义者之列，而清新之哲学、艺术、法制、伦理，莫不胚孕于彼等之思潮。萨兰德、海尔特尔[3]、

---

[1] 福禄特尔：Francois-Marie Arouet Voltaire（1694—1778），今通译伏尔泰。法国文学家、史学家、哲学家。其思想强调自由、平等、人的尊严，对欧洲及近代中国思想产生了重要而深远的影响。

[2] 秀母：David Hume（1711—1776），今通译休谟。苏格兰哲学家、史学家。代表作有《关于人类理解力之哲学论文》等。

[3] 海尔特尔：Johann Gottfried von Herder（1744—1803），今通译赫尔德。德国哲学家、神学家、文学评论家等。

冷新[1]、乃至改得[2]、西尔列尔[3]之流，其于当代，固亦尝见诋为异端，而德意志帝国之统一，殆即苞蕾于彼等热烈之想象力，彼其破丹败奥，摧法征俄，风靡巴尔干半岛与海王国。抗战不屈之德意志魂，非俾士麦、特赖克[4]、白仑哈的[5]之成绩，乃讴歌德意志文化先声之青年思想家、艺术家所造之基础也。世尝啧啧称海聂[6]之名矣，然但知其为沉哀之诗人，而不知其为"青年德意志"[7]弹奏之人也。所谓"青年德意志"运动者，以一八四八年之革命为中心，而德国国民绝叫人文改造□□□也。彼等先俾斯麦、摩尔托克[8]、维廉一世而起，于其国民精神，与以痛烈之激刺。当是时，海聂、古秋阔[9]、文巴古[10]、

---

[1] 冷新：Gotthold Ephraim Lessing（1729—1781），今通译莱辛。德国戏剧家、文艺批评家。

[2] 改得：Johann Wolfgang von Goethe（1749—1832），今通译歌德。德国文学家、思想家，对德国思想及文化的发展产生了重要的影响。代表作有《少年维特之烦恼》等。

[3] 西尔列尔：Jahann Christoph Friedrich Schiller（1759—1805），今通译席勒。德国诗人、思想家。

[4] 特赖克：Heinrich von Treitschke（1834—1896），今通译特赖奇克，德国历史学家、政治家。

[5] 白仑哈的：Friedrich Adolf Julius von Bernhardi（1849—1930），亦译俾伦哈的。德国将军，在史学及哲学方面颇有研究。

[6] 海聂：Heinrich Heine（1797—1856），今通译海涅。德国抒情诗人及散文家。

[7] 青年德意志：19世纪30年代初组成的德意志小资产阶级激进派作家的文学团体。主要人物有白尔尼、古茨柯夫等。该团体认为文学作品应进行社会批判和反映社会问题；主张信仰自由和出版自由，争取社会正义。

[8] 摩尔托克：Helmuth Karl Bernhard von Moltke（1800—1891），今通译赫尔姆斯·卡尔·毛奇伯爵。普鲁士陆军元帅。

[9] 古秋阔：Karl Ferdinand Gutzkow（1811—1878），今通译古茨科，德国小说家、戏剧家。

[10] 文巴古：Christian Ludolf Wienbarg（1802—1872），今通译温巴尔格。青年德意志作家团体中理论造诣最深的一个。

门德[1]、洛北[2]诸子，实为其魁俊，各奋其颖新之笔，掊击时政，攻排旧制，否认偶像的道德，诅咒形式的信仰，冲决一切陈腐之历史，破坏一切固有之文明，扬布人生复活国家再造之声，而以使德意志民族回春、德意志帝国建于纯美青年之手为理想，此其孕育胚胎之世，距德意志之统一，才二十载，距今亦不过六十余年，而其民族之声威，文明之光彩，已足以震耀世界，征服世界，改造世界而有余。居今穷其因果，虽欲不归功于青年德意志之运动，青年文艺家、理想家之鼓吹，殆不可得。以视吾之文坛，堕落于男女兽欲之鬼窟，而罔克自拔，柔靡艳丽，驱青年于妇人醇酒之中者，盖有人禽之殊，天渊之别矣。记者不敏，未擅海聂诸子之文才，窃慕青年德意志之运动，海内青年，其有闻风兴起者乎？甚愿执鞭以从之矣。

吾尝论之，欧战既起，德意志、勃牙利[3]亦以崭新之民族爆发于烽火之中。环顾兹世，新民族遂无复存。故今后之问题，非新民族崛起之问题，乃旧民族复活之问题也。而是等旧民族之复活，非其民族中老辈之责任，乃其民族中青年之责任也。土尔其以老大帝国与吾并称，而其冥顽无伦之亚布他尔哈米德朝，颠覆于一夜之顷者，则青年土尔其党愤起之功也。印度民族久已僵死，而其民间革命之烽烟，直迷漫于西马拉亚山之巅者，则印度青年革命家努力之效也。吾国最近革命运动，亦能举清朝三百年来之历史而推翻之。袁氏逆命，谋危共和，未逾数月，义师勃兴，南天震动。而一世之

---

[1] 门德：Theodor Mundt（1808—1861），今通译蒙特。青年德意志派作家之一。

[2] 洛北：Heinrich Rudolf Constanz Laube（1806—1884），今通译劳贝。德国作家，青年德意志运动中代表人物之一。

[3] 勃牙利：保加利亚。

奸雄，竟为护国义军穷迫以死。今虽不敢遽断改革之业为告厥成功，而青春中华之创造，实已肇基于此。其胚种所由发，亦罔不在吾断头流血之青年也。长驱迈往之青年乎，其各百尺竿头，更进一步，取由来之历史，一举而摧焚之，取从前之文明，一举而沦葬之。变弱者之伦理为强者之人生，变庸人之哲学为天才之宗教，变"人"之文明为"我"之文明，变"求"之幸福为"取"之幸福。觅新国家，拓新世界，于欧洲战血余腥、炮焰灰烬之中，而以破坏与创造、征服与奋斗为青年专擅之场。厚青年之修养，畅青年之精神，壮青年之意志，砺青年之气节，鼓舞青春中华之运动，培植青春中华之根基，吾乃高撞自由之钟，以助其进行之勇气。中华其睡狮乎？闻之当勃然兴；中华其病象乎？闻之当霍然起。盖青年者，国家之魂，《晨钟》者，青年之友。青年当努力为国家自重，《晨钟》当努力为青年自勉，而各以青春中华之创造为唯一之使命，此则《晨钟》出世之始，所当昭告于吾同胞之前者矣。

附言 篇中所称老辈云者，非由年龄而言，乃由精神而言；非由个人而言，乃由社会而言。有老人而青年者，有青年而老人者。老当益壮者，固在吾人敬服之列，少年颓丧者，乃在吾人诟病之伦矣。

署名：守常
《晨钟报》创刊号
1916年8月15日

青　春

　　春日载阳，东风解冻，远从瀛岛，返顾祖邦，肃杀郁塞之象，一变而为清和明媚之象矣；冰雪沍寒之天，一幻而为百卉昭苏之天矣。每更节序，辄动怀思，人事万端，那堪回首，或则幽闺善怨，或则骚客工愁。当兹春雨梨花，重门深掩，诗人憔悴，独倚栏杆之际，登楼四瞩，则见千条垂柳，未半才黄，十里铺青，遥看有色。彼幽闲贞静之青春，携来无限之希望、无限之兴趣，飘然贡其柔丽之姿于吾前途辽远之青年之前，而默许以独享之权利。嗟吾青年可爱之学子乎，彼美之青春，念子之任重而道远也，子之内美而修能也，怜子之劳，爱子之才也，故而经年一度，展其怡和之颜，饯子于长征迈往之途，冀有以慰子之心也。纵子为尽瘁于子之高尚之理想，圣神之使命，远大之事业，艰巨之责任，而夙兴夜寐，不遑启处[1]，亦当于千忙万迫之中，偷隙一盼，霁颜相向，领彼恋子之殷情，

---

[1] 不遑启处：没有闲暇的时间过安宁的日子。

赠子之韶华，俾以青年纯洁之躬，饫尝青春之甘美，浃浴青春之恩泽，永续青春之生涯，致我为青春之我，我之家庭为青春之家庭，我之国家为青春之国家，我之民族为青春之民族。斯青春之我，乃不枉于遥遥百千万劫中，为此一大因缘，与此多情多爱之青春，相邂逅于无尽青春中之一部分空间与时间也。

块然一躯，渺乎微矣，于此广大悠久之宇宙，殆犹沧海之一粟耳。其得永享青春之幸福与否，当问宇宙自然之青春是否为无尽。如其有尽，纵有彭、聃之寿，甚且与宇宙齐，亦奚能许我以常享之福？如其无尽，吾人奋其悲壮之精神，以与无尽之宇宙竞进，又何不能之有？而宇宙之果否为无尽，当问宇宙之有无初终。宇宙果有初乎？曰：初乎无也。果有终乎？曰：终乎无也。初乎无者，等于无初；终乎无者，等于无终。无初无终，是于空间为无限，于时间为无极。质言之，无而已矣，此绝对之说也。若由相对观之，则宇宙为有进化者。既有进化，必有退化。于是差别之万象万殊生焉。惟其为万象万殊，故于全体为个体，于全生为一生。个体之积，如何其广大，而终于有限。一生之命，如何其悠久，而终于有涯。于是有生即有死，有盛即有衰，有阴即有阳，有否即有泰，有剥即有复，有屈即有信，有消即有长，有盈即有虚，有吉即有凶，有祸即有福，有青春即有白首，有健壮即有颓老，质言之有而已矣。庄周有云："朝菌不知晦朔、蟪蛄不知春秋。"又云："小知不如大知，小年不如大年。"夫晦朔与春秋而果为有耶，何以菌、蛄以外之有生，几经晦朔几历春秋者皆知之，而菌、蛄独不知也？其果为无耶，又何以菌、蛄虽不知，而菌、蛄以外之有生，几经晦朔几历春秋者，皆知之也？是有无之说，亦至无定矣。以吾人之知，小于宇宙自然之知，其年小于宇宙自然之年，而欲断空间时间不能超越之宇宙为有为无，是亦朝菌之晦朔，蟪蛄之春秋耳！秘观宇宙有二相焉：由佛理言之，平等与差别也，空与色也。由哲理言之，绝对与相对也。由数理言之，有与无也。由《易》理言之，周与易也。《周易》非以昭代立名，宋儒罗泌尝论之于《路史》，而金氏圣叹序《离骚经》，释之尤近精微，谓"周其体也，易其用也。约法而论，周以常住为义，易以变易为义。双约人法，则周乃圣人之能事，易乃大千之变易。大千本无一有，更立不定，日新、日日新、又日新之谓也。圣人独能以忧患之心周之，尘尘刹刹[1]，无不普遍，又复尘尘周于刹刹，刹刹周于尘尘，然后世界自见其易，圣人时得其常，故云周易。"仲尼曰："自其异者视之，肝胆楚越也；自其同者视之，万物皆一也。"此同异之辨也。东坡曰："自其变者而观之，则天地曾不能以一瞬；自其不变者而观之，则物与我皆无尽也。"此变不变之殊也。其变者青春之进程，其不变者无尽之青春也。其异者青春之进程，其同者无尽之青春也。其易者青春之进程，其周者无尽之青春也。其有者青春之进程，其无者无尽之青春也。其相对者青春之进程，其绝对者无尽之青春也。其色者差别者青春之进程，其空者平等者无尽之青春也。推而言之，乃至生死、盛衰、阴阳、否泰、剥复、屈信、消长、盈虚、吉凶、祸福、青春白首、健壮颓老之轮回反复，连续流转，无非青春之进程。而此无初无终、无限无极、无方无体之机轴，亦即无尽之青春也。青年锐进之子，尘尘刹刹，立于旋转簸扬循环无端之大洪流中，宜有江流不转之精神，屹然独立之气魄，冲

---

[1] 尘尘刹刹：佛教用语。《华严经》所说的"圆融平等"的境界。

荡其潮流，抵拒其势力，以其不变应其变，以其同操其异，以其周执其易，以其无持其有，以其绝对统其相对，以其空驭其色，以其平等律其差别，故能以宇宙之生涯为自我之生涯，以宇宙之青春为自我之青春。宇宙无尽，即青春无尽，即自我无尽。此之精神，即生死肉骨、回天再造之精神也。此之气魄，即慷慨悲壮、拔山盖世之气魄也。惟真知爱青春者，乃能识宇宙有无尽之青春。惟真能识宇宙有无尽之青春者，乃能具此种精神与气魄。惟真有此种精神与气魄者，乃能永享宇宙无尽之青春。

一成一毁者，天之道也。一阴一阳者，易之道也。唐生维廉[1]与铁特[2]二家，遽研物理，知天地必有终极，盖天之行也以其动，其动也以不均，犹水之有高下而后流也。今太阳本热常耗，以彗星来往度之递差，知地外有最轻之冈气，为能阻物，既能阻物，斯能耗热耗力。故大宇积热力，每散趋均平，及其均平，天地乃毁。天地且有时而毁，况其间所包蕴之万物乎？漫云天地究何所指，殊嫌茫漠，征实言之，有若地球。地球之有生命，已为地质学家所明证，惟今日之地球，为儿童地球乎？青年地球乎？丁壮地球乎？抑白首地球乎？此实未答之问也。苟犹在儿童或青年之期，前途自足乐观，优游乐土，来日方长，人生趣味益以浓厚，神志益以飞舞；即在丁壮之年，亦属元神盛涌，血气畅发之期，奋志前行，亦当勿懈；独至地球之寿，已臻白发之颓龄，则栖息其上之吾人，夜夜仰见死气

---

[1] 唐生维廉：William Thomson（1824—1907），今通译威廉·汤姆生。英国热力学家。

[2] 铁特：Peter Guthrie Tait（1831—1901），今通译泰特。英国数学家、物理学家。

沈沈[1]之月球，徒借曦灵之末光，以示伤心之颜色于人寰，若以警告地球之终有死期也者，言念及此，能勿愀然。虽然，地球即成白首，吾人尚在青春，以吾人之青春，柔化地球之白首，虽老犹未老也。是则地球一日存在，即吾人之青春一日存在。吾人之青春一日存在，即地球之青春一日存在。吾人在现在一刹那之地球，即有现在一刹那之青春，即当尽现在一刹那对于地球之责任。虽明知未来一刹那之地球必毁，当知未来一刹那之青春不毁，未来一刹那之地球，虽非现在一刹那之地球，而未来一刹那之青春，犹是现在一刹那之青春。未来一刹那之我，仍有对于未来一刹那之地球之责任。庸得以虞地球形体之幻灭，而猥为沮丧哉！

复次，生于地球上之人类，其犹在青春乎，抑已臻白首乎？将来衰亡之顷，究与地球同时自然死灭乎，抑因地球温度激变，突与动植物共死灭乎？其或先兹事变，如个人若民族之死灭乎？斯亦难决之题也。生物学者之言曰：人类之生活，反乎自然之生活也。自妇人畏葸[2]，抱子而奔，始学立行，胸部暴露，必须被物以求遮卫，而人类遂有衣裳；又以播迁转徙，所携食物，易于腐败，而人类遂有火食。有衣裳而人类失其毛发矣，有火食而人类失其胃肠矣。其趋文明也日进，其背自然也日远，浸假有舟车电汽，而人类丧其手足矣。有望远镜、德律风[3]等，而人类丧其耳目矣。他如有书报传译之速，文明利器之普，而人类亡其脑力。有机关枪四十二珊之炮，而人类弱其战能。有分工合作之都市生活，歌舞楼台之繁华景象，

---

[1] 沈沈：同"沉沉"。

[2] 畏葸：畏惧、害怕。

[3] 德律风：telephone 的音译，即电话。

而人类增其新病。凡此种种，人类所以日向灭种之途者，若决江河，奔流莫遏，长此不已，劫焉可逃？此辈学者所由大声疾呼，布兹骇世听闻之噩耗，而冀以谋挽救之方也。宗教信士则从而反之，谓宇宙一切皆为神造，维护之任神自当之，吾人智能薄弱，惟托庇于神而能免于罪恶灾厄也。如生物家言，是为蔑夷神之功德，影响所及，将驱人类入于悲观之途，圣智且尚无灵，人工又胡能阏，惟有瞑心自放，居于下流，荒亡日久，将为人心世道之忧矣。末俗浇漓，未始非为此说者阶之厉也。吾人宜坚信上帝有全知全能，虔心奉祷，罪患如山，亦能免矣。由前之说，固易流于悲观，而其足以警觉世人，俾知谋矫正背乎自然之生活，此其所长也。由后之说，虽足以坚人信仰之力，俾其灵魂得优游于永生之天国，而其过崇神力，轻蔑本能，并以讳蔽科学之实际，乃其所短也。吾人于此，宜如宗教信士之信仰上帝者信人类有无尽之青春，更宜悚然于生物学者之旨，以深自警惕，力图于背逆自然生活之中，而能依人为之工夫，致其背逆自然之生活，无异于顺适自然之生活。斯则人类之寿，虽在耄耋之年，而吾人苟奋自我之欲能，又何不可返于无尽青春之域，而奏起死回生之功也？

人类之成一民族一国家者，亦各有其生命焉。有青春之民族，斯有白首之民族，有青春之国家，斯有白首之国家。吾之民族若国家，果为青春之民族、青春之国家欤，抑为白首之民族、白首之国家欤？苟已成白首之民族、白首之国家焉，吾辈青年之谋所以致之回春为之再造者，又应以何等信力与愿力从事，而克以著效。此则系乎青年之自觉何如耳！异族之觇吾国者，辄曰：支那者老大之邦也。支那之民族，濒灭之民族也。支那之国家，待亡之国家也。洪荒而后，民族若国家之递兴递亡者，舛然其不可纪矣。粤稽西史，罗马、巴比伦之盛时，丰功伟烈，彪著寰宇，曾几何时，一代声华，都成尘土矣。祇今屈指，欧土名邦，若意大利，若法兰西，若西班牙，若葡萄牙，若和兰[1]，若比利时，若丹马[2]，若瑞典，若那威[3]，乃至若英吉利，罔不有积尘之历史，以重累其国家若民族之生命。回溯往祀[4]，是等国族，固皆尝有其青春之期，以其畅盛之生命，展其特殊之天才。而今已矣，声华渐落，躯壳空存，纷纷者皆成文明史上之过客矣。其较新者，惟德意志与勃牙利，此次战血洪涛中，又为其生命力之所注，勃然暴发，以挥展其天才矣。由历史考之，新兴之国族与陈腐之国族遇，陈腐者必败；朝气横溢之生命力与死灰沈滞之生命力遇，死灰沉滞者必败；青春之国民与白首之国民遇，白首者必败。此殆天演公例，莫或能逃者也。

支那自黄帝以降，赫赫然树独立之帜于亚东大陆者，四千八百余年于兹矣。历世久远，纵观横览，罕有其伦。稽其民族青春之期，远在有周之世，典章文物，灿然大备，过此以往，渐向衰歇之运，然犹浸衰浸微，扬其余辉，以至于今日者，得不谓为其民族之光欤？夫人寿之永，不过百年，民族之命，垂五千载，斯亦寿之至也。印度为生释迦而兴，故自释迦生而印度死；犹太为生耶稣而立，故自耶稣生而犹太亡；支那为生孔子而建，故自孔子生而支那衰，陵夷至于今日，残骸枯骨，满目黯然，民族之精英，澌灭尽矣，而

---

[1] 和兰：荷兰。
[2] 丹马：丹麦。
[3] 那威：挪威。
[4] 祀：年。

欲不亡，庸可得乎？吾青年之骤闻斯言者，未有不变色裂眦，怒其侮我之甚也。虽然，勿怒也。吾之国族，已阅长久之历史，而此长久之历史，积尘重压，以桎梏其生命而臻于衰敝者，又宁容讳？然而吾族青年所当信誓旦旦，以昭示于世者，不在龈龈辩证白首中国之不死，乃在汲汲孕育青春中国之再生。吾族今后之能否立足于世界，不在白首中国之苟延残喘，而在青春中国之投胎复活。盖尝闻之，生命者，死与再生之连续也。今后人类之问题，民族之问题，非苟生残存之问题，乃复活更生、回春再造之问题也。与吾并称为老大帝国之土耳其，则青年之政治运动，屡试不一试焉。巴尔干诸邦，则各谋离土自立，而为民族之运动，兵连祸结，干戈频兴，卒以酿今兹世界之大变焉。遥望喜马拉亚山之巅，恍见印度革命之烽烟一缕，引而弥长，是亦欲回其民族之青春也。吾华自辛亥首义，癸丑之役继之，喘息未安，风尘澒洞，又复倾动九服，是亦欲再造其神州也。而在是等国族，凡以冲决历史之桎梏，涤荡历史之积秽，新造民族之生命，挽回民族之青春者，固莫不惟其青年是望矣。建国伊始，肇锡嘉名，实维中华。中华之义，果何居乎？中者，宅中位正之谓也。吾辈青年之大任，不仅以于空间能致中华为天下之中而遂足，并当于时间而谛时中之旨也。旷观世界之历史，古往今来，变迁何极！吾人当于今岁之青春，画为中点，中以前之历史，不过如进化论仅于考究太阳、地球、动植各物乃至人类之如何发生、如何进化者，以纪人类民族国家之如何发生、如何进化也。中以后之历史，则以是为古代史之职，而别以纪人类民族国家之更生回春为其中心之的也。中以前之历史，封闭之历史，焚毁之历史，葬诸坟墓之历史也。中以后之历史，洁白之历史，新装之历史，待施绚绘之历史也。中以前之历史，白首之历史，陈死人之历史也。中以后之历史，青春之历史，活青年之历史也。青年乎！其以中立不倚之精神，肩兹砥柱中流之责任，即由今年今春之今日今刹那为时中之起点，取世界一切白首之历史，一火而摧焚之，而专以发挥青春中华之中，缀其一生之美于中以后历史之首页，为其职志，而勿逡巡不前。华者，文明开敷之谓也，华与实相为轮回，即开敷与废落相为嬗代。白首中华者，青春中华本以胚孕之实也。青春中华者，白首中华托以再生之华也。白首中华者，渐即废落之中华也。青春中华者，方复开敷之中华也。有渐即废落之中华，所以有方复开敷之中华。有前之废落以供今之开敷，斯有后之开敷以续今之废落，即废落，即开敷，即开敷，即废落，终竟如是废落，终竟如是开敷。宇宙有无尽之青春，斯宇宙有不落之华，而栽之、培之、灌之、溉之、赏玩之、享爱之者，舍青春中华之青年，更谁与归矣？青年乎，勿徒发愿，愿春常在华常好也，愿华常得青春，青春常在于华也。宜有即华不得青春，青春不在于华，亦必奋其回春再造之努力，使废落者复为开敷，开敷者终不废落，使华不能不得青春，青春不能不在于华之决心也。抑吾闻之化学家焉，土质虽腴，肥料虽多，耕种数载，地力必耗，砂土硬化，无能免也，将欲柔融之，俾再反于丰壤，惟有一种草木为能致之，为其能由空中吸收窒素[1]肥料，注入土中而沃润之也。神州赤县，古称天府，胡以至今徒有万木秋声、萧萧落叶之悲，昔时繁华之盛，荒凉废落至于此极也！毋亦无此种草木为之文柔和润之耳。青年之于社会，殆犹此种草木之于田亩也。

---

[1] 窒素：氮气，来自日语。

从此广植根蒂，深固不可复拔，不数年间，将见青春中华之参天蓊郁，错节盘根，树于世界，而神州之域，还其丰壤，复其膏腴矣。则谓此菁菁茁茁之青年，即此方复开敷之青春中华可也。

顾人之生也，苟不能窥见宇宙有无尽之青春，则自呱呱堕地，迄于老死，觉其间之春光，迅于电波石火，不可淹留，浮生若梦，直菌鹤马蜩之过乎前耳。是以川上尼父，有逝者如斯之嗟；湘水灵均，兴春秋代序之感。其他风骚雅士，或秉烛夜游；勤事劳人，或重惜分寸。而一代帝王，一时豪富，当其垂暮之年，绝诀之际，贪恋幸福，不忍离舍，每为咨嗟太息，尽其权力黄金之用，无能永一瞬之天年，而重留遗憾于长生之无术焉。秦政并吞八荒，统制四海，固一世之雄也，晚年畏死，遍遣羽客，搜觅神仙，求不老之药，卒未能获，一旦魂断，宫车晚出。汉武穷兵，蛮荒慑伏，汉代之英主也，暮年咏叹，空有"欢乐极兮哀情多，少壮几时奈老何"之慨。最近美国富豪某，以毕生之奋斗，博得$式之王冠，衰病相催，濒于老死，则抚枕而叹曰："苟能延一月之命，报以千万金弗惜也。"然是又安可得哉？夫人之生也有限，其欲也无穷，以无穷之欲，逐有限之生，坐令似水年华，滔滔东去，红颜难再，白发空悲，其殆人之无奈天何者欤！涉念及此，灰肠断气，灰世之思，油然而生。贤者仁智俱穷，不肖者流连忘返，而人生之蕲向荒矣，是又岂青年之所宜出哉？人生兹世，更无一刹那不在青春，为其居无尽青春之一部，为无尽青春之过程也。顾青年之人，或不得常享青春之乐者，以其有黄金权力一切烦忧苦恼机械生活，为青春之累耳。谚云："百金买骏马，千金买美人，万金买爵禄，何处买青春？"岂惟无处购买，邓氏铜山，郭家金穴，愈有以障翳青春之路俾无由达于其境也。罗马亚布达尔曼帝，位在皇极，富有四海，不可谓不尊矣，临终语其近侍，谓四十年间，真感愉快者，仅有三日。权力之不足福人，以视黄金，又无差等。而以四十年之青春，娱心不过三日，悼心悔憾，宁有穷耶？夫青年安心立命之所，乃在循今日主义以进，以吾人之生，洵如卡莱尔所云，特为时间所执之无限而已。无限现而为我，乃为现在，非为过去与将来也。苟了现在，即了无限矣。昔者圣叹作诗，有"何处谁人玉笛声"之句。释弓年小，窃以玉字为未安，而质之圣叹。圣叹则曰："彼若说'我所吹本是铁笛，汝何得用作玉笛？'我便云：'我已用作玉笛，汝何得更吹铁笛？'天生我才，岂为汝铁笛作奴儿婢子来耶？"夫铁字与玉字，有何不可通融更易之处。圣叹顾与之争一字之短长而不惮烦者，亦欲与之争我之现在耳。诗人拜轮[1]，放浪不羁，时人诋之，谓于来世必当酷受地狱之苦。拜轮答曰："基督教徒自苦于现世，而欲祈福于来世。非基督教徒，则于现世旷逸自遣，来世之苦，非所辞也。二者相较，但有先后之别，安有分量之差。"拜轮此言，固甚矫激，且寓讽刺之旨。以余观之，现世有现世之乐，来世有来世之乐。现世有现世之青春，来世有来世之青春。为贪来世之乐与青春，而迟吾现世之乐与青春，固所不许。而为贪现世之乐与青春，遽弃吾来世之乐与青春，亦所弗应也。人生求乐，何所不可，亦何必妄分先后，区异今来也？耶曼孙[2]曰："尔若爱千古，当利用现在。昨日不能呼还，明日尚未确实。尔能确有把握者，惟有今日。今日之

---

[1] 拜轮：拜伦（George Gordon Byron，1788—1824），英国浪漫主义诗人。
[2] 耶曼孙：拉尔夫·沃尔多·爱默生（Ralph Waldo Emerson，1803—1882年），生于美国波士顿，思想家、文学家。

一日,适当明晨之二日。"斯言足发吾人之深省矣。盖现在者吾人青春中之青春也。青春作伴以还于大漠之乡,无如而不自得,更何烦忧之有焉。烦忧既解,恐怖奚为?耶比古达士[1]曰:"贫不足恐,流窜不足恐,囹圄不足恐,最可恐者,恐怖其物也。"美之政雄罗斯福氏,解政之后,游猎荒山,奋其铁腕,以与虎豹熊罴[2]相搏战。一日猎白熊,险遭吞噬,自传其事,谓为不以恐怖误其稍纵即逝之机之效,始获免焉。于以知恐怖为物,决不能拯人于危。苟其明日将有大祸临于吾躬,无论如何恐怖,明日之祸万不能因是而减其毫末。而今日之我,则因是而大损其气力,俾不足以御明日之祸而与之抗也。艰虞万难之境,横于吾前,吾惟有我、有我之现在而足恃。堂堂七尺之躯,徘徊回顾,前不见古人,后不见来者,惟有昂头阔步,独往独来,何待他人之援手,始以遂其生者?更胡为乎"念天地之悠悠,独怆然而涕下"哉?惟足为累于我之现在及现在之我者,机械生活之重荷,与过去历史之积尘,殆有同一之力焉。今人之赴利禄之途也,如蚁之就膻,蛾之投火,究其所企,克致志得意满之果,而营营扰扰已逾半生,以孑然之身,强负黄金与权势之重荷以趋,几何不为所重压而僵毙耶?盖其优于权富即其短于青春者也。耶经有云:"富人之欲入天国,犹之骆驼欲潜身于针孔。"此以喻重荷之与青春不并存也。总之,青年之自觉,一在冲决过去历史之网罗,破坏陈腐学说之囹圄,勿令僵尸枯骨,束缚现在活泼泼地之我,进而纵现在青春之我,扑杀过去青春之我,促今日

---

[1] 耶比古达士:(Epiktetus,约55—约135),古罗马最著名的斯多葛学派哲学家之一。

[2] 熊罴:熊。

青春之我，禅让明日青春之我。一在脱绝浮世虚伪之机械生活，以特立独行之我，立于行健不息之大机轴。袒裼裸裎，去来无罣，全其优美高尚之天，不仅以今日青春之我，追杀今日白首之我，并宜以今日青春之我，豫杀来日白首之我，此固人生惟一之蕲向，青年惟一之责任也矣。拉凯尔曰："长保青春，为人生无上之幸福，尔欲享兹幸福，当死于少年之中。"吾愿吾亲爱之青年，生于青春死于青春，生于少年死于少年也。德国史家孟孙[1]氏，评骘锡札曰："彼由青春之杯，饮人生之水，并泡沫而干之。"吾愿吾亲爱之青年，擎此夜光之杯，举人生之醍醐浆液，一饮而干也。人能如是，方为不役于物，物莫之伤。大浸稽天而不溺，大旱金石流土山焦而不热，是其尘垢粃糠，将犹陶铸尧、舜。自我之青春，何能以外界之变动而改易，历史上残骸枯骨之灰，又何能塞蔽青年之聪明也哉？市南宜僚见鲁侯，鲁侯有忧色，市南子乃示以去累除忧之道，有曰："'吾愿君去国捐俗，与道相辅而行。'君曰：'彼其道远而险，又有江山，我无舟车，奈何？'市南子曰：'君无形倨，无留居，以为君车。'君曰：'彼其道幽远而无人，吾谁与为邻？吾无粮，我无食，安得而至焉？'市南子曰：'少君之费，寡君之欲，虽无粮而乃足，君其涉于江而浮于海，望之而不见其崖，愈往而不知其所穷，送君者皆自崖而反，君自此远矣'。"此其谓道，殆即达于青春之大道。青年循蹈乎此，本其理性，加以努力，进前而勿顾后，背黑暗而向光明，为世界进文明，为人类造幸福，以青春之我，创建青春之家

---

[1] 孟孙：即克里斯蒂文·马蒂亚斯·特奥多尔·蒙森（Christian Matthias Theodor Mommsen，1817—1903），德国古典学者、法学家、历史学家。

庭，青春之国家，青春之民族，青春之人类，青春之地球，青春之宇宙，资以乐其无涯之生。乘风破浪，迢迢乎远矣，复何无计留春望尘莫及之忧哉？吾文至此，已嫌冗赘，请诵漆园之语，以终斯篇。

署名：李大钊

《新青年》第 2 卷第 1 号

1916 年 9 月 1 日

矛盾生活与二重负担

吾侪际此新旧衍嬗之交，一切之生活现象，陈于吾侪之前者，无在不呈矛盾之观。即吾侪对于此种之生活负担，无在不肩二重之任。吾侪欲于此矛盾生活中胜此二重之负担，实不可不以沈雄之气力、奋斗之精神处之。

新年才过，旧岁又阑，一切岁前岁后之所需，凡夫清结债务，购置物品，乃至一切新年之风俗礼节，有如宴会贺礼等事，均为二重之负担。对于新人，则当于新年以新礼节为新社交；对于旧人，则当于旧年以旧礼节行旧社交。若者脱帽，若者拱揖，若者鞠躬，若者拜跪，或则松坊焕采，或则爆竹迎神，或则桃符更新，或则悬旗志贺，纷纭错杂，莫所适从。此矛盾之生活一也。

因是联想，北京之地，警队林列，夜则荷枪通衢，梭巡不已。而一方则鸣锣更夫，抱关击柝，一仍其旧。试问此鸣锣更夫与荷枪警士之俸费，何莫非吾民之负担？既有警士，何用更夫？苟取更夫，焉需警士？此矛盾之生活二也。

因是联想，辛亥之役，武汉一呼，天惊石破，南部义师，北方将士，均以共和立宪要挟清廷，逊位之诏朝颁，统一之业夕就。其间使节轺车，南至沪渎，议和电报，各处交驰，结果以优待条文载在盟府。于是一方则负皇室经费，一方则增公府经费、元首岁俸，茧茧者氓，不知不识之间，又增一种之二重负担。此矛盾之生活三也。

因是联想，文豪政客，十年以还，多以立宪政治之实行，为惟一之希望。自戊戌以迄辛亥，其间政派，无问其为温和为激烈，有所言动，无不以此为归。而今国会开矣，代议政治（立宪政治）稍具形式矣。默察夫国中贤者，一面要求国会，一面嫌恶国会；一面施行代议政治，一面鼓吹开明专制。此矛盾之生活四也。

因是联想，青年学子，修学庠校之中，一面须涉猎本国之经史子集，一面须研究现代之新式科学；一面须讲周、孔之学，一面须取卢、孟之说。以视四十年以往之前辈，其心思神脑之负担，加重之度，正不仅二重而止。此矛盾之生活五也。

因是联想，吾侪日常生活，乃至应用什器，无一不兼尚并需。衣冠为物，乃人生三大要需之一，苟其但求整饬，无事美观，亦须一面制洋服一套，一面备华服一身。即记者伏案构此文时，眼中映陈之物，一方则为毛锥，一方则为Pen；一方则有松烟，一方则有Blue Ink。斯篇如不以鄙俚见弃，则付印时，一方又须排华字，一方又须排英字。即此艰苦之排字工人，亦需具差能胜此之二重智识。否则此种营生，不能不让之他人，而其人或以是不免于冻馁。此矛盾之生活六也。

因是联想，一夫一妻之制，衡诸天理人道，最称允当，不可逾犯。文明各国，悉本此义，制为法律，有犯之者，则为重婚，重婚者，罪律有明条。今于吾国，一方则有禁止重婚之法律，一方则欲保存蓄妾之恶风。为妾之女，于法无受其保障之权，重婚之夫，于法无施以制裁之效。此矛盾之生活七也。

因是联想，最终及于宪法。夫旧式礼教与现代生活，本不并容。吾侪既不能离于现代生活，而返于草昧半开之时代，而偏欲以旧式礼教使人循守于今日。于是当兹制宪之际，一方则绝叫保障信仰自由，一方则运动以孔教为国教；一方尊重国民之自我，一方保持偶像之位置。纷呶叫喧，今犹未已。此矛盾之生活八也。

以上种种，不过就一时联想之所及，拉杂陈之，雅无伦次。其他类此者，正复不可殚述。一言以蔽之，中国今日之社会，矛盾之社会也。今日之政治，矛盾之政治也。今日之法律，矛盾之法律也。今日之伦理，矛盾之伦理也。今日之经济，矛盾之经济也。乃至今日之文艺、美术、宗教、哲学，矛盾之文艺、美术、宗教、哲学也。国民之生活以是等为基础，生活之基础既陷于矛盾之域，故今日之生活现象，无往而非矛盾之生活现象也。

以何因缘而成此矛盾之生活现象乎？欲答此问，因果繁颐，殊难悉举。简言之，亦曰新旧不调和而已矣。旧者自守其旧，新者自用其新，二者分野，俨若鸿沟。既无同化之功，亦鲜融合之效，卒至新者自新，旧者自旧，同时同地而不容并存者，乃竟各存其形式。即其实质，察其精神，终于新者不能成其新，旧者不能存其旧。凡夫新旧伦理、法制、艺术、哲、宗，将悉臻于破产之境。青黄不接，矛盾相寻，此一阶段之国民生活史，最为危险。故曰：矛盾之生活，不调和之生活也。

所以造成此不调和之生活者，其主因亦有二端：一由于累代之专制政治戕贼民性泰甚，以成此不自然之状态，并以助长好同恶异之根性，致保守之力过坚，但知拒而不知迎，但知避而不知引。重以吾国历史之悠久，有吾民族固有之文明，逮夫近代西方文明汹涌东渐，一方迫之愈急，一方拒之愈甚，遂现此不调和之象焉。日人市村赞次郎氏尝谓吾国民生性有五大矛盾：（一）保守而不厌变化，（二）从顺而有时反抗，（三）一般文弱而个人有所不屈，（四）极好主我而又能雷同，（五）贵实行而溺于形式。此其所言，未必皆中，愚则谓苟有此态，是亦专制政治造成之果。故曰：矛盾之生活，不调和之生活，亦不自然之生活也。

一由于东西文明接触之初，未能调融一致，则其相摩相荡、相攻相守之际，当然呈此矛盾之象，无足怪者。日本无固有文明之国也，其于调和东西之文明，介绍东西之文明，吸收东西之文明，最易奏功。彼邦先觉之士，以调和东西文明自任者，犹不惮大声疾呼之劳，以图殊途同归之效。况在吾国，以其固有之文明与外来之文明相遇，离心力强，向心力弱，即同化之机不易得，即归一之径不易达。故曰：矛盾之生活，不调和之生活，亦不统一之生活也。

吾侪既一时不能骤脱此矛盾之生活，不调和之生活，不自然之生活，不统一之生活，即一时不能不竭其心思气力以负荷此二重之生活负担。然此种生活状态，只于新旧文明过渡之时期可以安忍于一时，而不能长此以终古。吾侪当进而以负荷此二重生活负担之心思气力，谋所以打破此矛盾生活之阶级，而使之新旧合一，以轻此负担。其打破之方术，在固新文明、新生活之地位，以与旧文明、旧生活分对等之势力，而深养其锋，以迫旧文明、旧生活与新文明、新生活相妥协、相调和，否则征服之而已矣。此则视乎醉心新文明、新生活者，沈雄之气力、奋斗之精神何如耳！愚于新旧元旦，谨各浮三大白，以壮吾青年之勇气。行矣，任重道远之青年，凯歌之声，将与岁岁之春风以俱至也。

署名：李大钊
《宪法公言》第 9 期
1917 年 1 月 10 日

动的生活与静的生活

吾人于东西之文明,发见一绝异之特质,即动的与静的而已矣。东方文明之特质,全为静的;西方文明之特质,全为动的。文明与生活,盖相为因果者。惟其有动的文明,所以有动的生活;惟其有静的生活,所以有静的文明。故东方之生活为静的生活,西方之生活为动的生活。

以何因缘,东西之文明之生活,各驰一端,适相反对?此其故固甚复杂,而其最要之点,则在东西民族之祖先,其生活之依据不同。东方之生计以农业为主,西方之生计以商业为主。惟其务农,故利于固定;惟其营商,故利于流通。惟其固定居处之久也,故血统日繁,而庞大之家族主义于以盛行;惟其流通转徙之远也,故族系日分,而简单之个人主义于以建立。又固定则女多于男,渐演而有一夫多妻之风;流转则男多于女,渐演而有尊重妇人之习。于是著于政治,一则趋于专制,一则倾于自由;显于社会,一则重乎阶级,一则贵乎平等。乃至饮食、居处、车马、衣服,无不具动静二种之采色。譬彼泉源浊，则万流皆浊，清则万流皆清。文明之于一切生活，亦犹是耳。

百年以还，西方之动的生活，挟其风驰云卷之势力，以侵入东方静的生活之范围，而沈沈大陆之酣梦为之惊破。盖以劳遇逸，以动临静，无在不呈披靡之观，无往不有摧拉之势。于是始悟以逸待劳之失策，以静制动之非计，乃谋变法维新，不惜弃其从来之一切静的生活，取彼西洋之一切动的生活，去其从来之一切静的文明，迎彼西洋之一切动的文明。顾宇宙间之质力，稍一凝静，惰性即从之而生。矧以数千万年惯习自然之静的生活，而欲革除之于一旦，此为必不可能之事，于是矛盾之生活现象，乃随处而皆是。即如吾人于日常生活所肩之负担，无论其为空间的、时间的、精神的、物质的，均有气竭声嘶日不暇给之势。吾尝求其故，而知西洋人之生活，以动为原则，以静为例外，故其应动的生活而能绰有余裕；吾人之生活，以静为原则，以动为例外，故其应动的生活而觉应接不暇。盖以动为原则者，于不知不识之中皆动，皆所以顺其生活者也。而以静为原则者，于不知不识之中皆静，皆所以反其生活者也。以今日动的文明之发达，动的生活之烦累，而吾人乃日在矛盾生活之中，以反其道而行之，乌在其有济乎？乌在其能胜乎？

吾人认定于今日动的世界之中，非创造一种动的生活，不足以自存。吾人又认定于静的文明之上，而欲创造一种动的生活，非依绝大之努力不足以有成。故其希望吾沈毅有为坚忍不挠之青年，出而肩此巨任。俾我国家由静的国家变而为动的国家，我民族由静的民族变而为动的民族，我之文明由静的文明变而为动的文明，我之生活由静的生活变而为动的生活；勿令动的国家、动的民族、动的文明、动的生活，为白皙人种所专有，以应兹世变，当此潮流。若而青年，方为动的青年而非静的青年，方为活泼泼地之青年，而非奄奄待死之青年。

署名：守常
《甲寅日刊》
1917 年 4 月 12 日

真理之权威

余曩在本报著论，谓："余信宇宙间有惟一无二之真理。孔子、释迦、耶稣辈之于此真理，皆为近似得半，偏而弗全。故吾人今日与其信孔子、信释迦、信耶稣，毋宁信真理。"时贤多以为与目今之社会不相应，颇以为过。余友仲公，著《丁巳杂志》卷首发端，即陈此义曰："……今日学术社会之不发达，与思想界之窒塞、腐败所由致之使然，其责读者固应分之，即著者亦乌能辞其咎。浅演之群，其智不足与语高深，譬执今之人而劝之，宁崇拜真理，勿崇拜孔子，必将哗然群詈，訾为大逆。虽有至理，其不能以入焉，固也。然彼之不知崇拜真理固愚，而我曰汝勿崇拜孔子亦过。喻之理而挑之怒，将求我信，宜乎其难。……"似为针砭余言而发者也。余既拜赐良友药石之箴，复喜余崇拜真理之主张，实已得吾友之同情，又进而以其委婉曲谅之言，展转以渐入社会之心趣，而潜消其诡诡固拒之程，益信真理之权威，不以流俗社会之未喻，而有所损削。余此后持真理以发言立义之气用益壮矣。

言论之挟有真值与否，在其言论本身之含有真理之质与否。苟其言之确合于真理，虽一时之社会不听吾说，且至不容吾身，吾为爱真理之故，而不敢有所逡巡嗫嚅以迎附此社会；苟其言之确背乎真理，虽一时之社会欢迎吾说，而并重视吾身，吾为爱真理之故，而不敢有所附和唯阿，以趋承此社会。为其持诚以遭世厌绝，犹胜违心以博世优容。前者则幸免于自欺，后者则已陷于欺人。以言违时之弊犹小，以言惑世之弊乃无穷焉。故吾人执笔以临社会，其当拳拳服膺、严矢勿失者，一在察事之精，一在推论之正。二者交备，则逻辑之用以昭，而二者之中，尤以据乎事实为要。盖背乎逻辑之推论，苟为根于事实而设者，视合于逻辑之推论，其所据全属子虚者，厥失为少。盖事实确而推论妄者，有时而或可合，推论正而事实虚者，则永世而无其果。吾人论事析理，亦但求其真实之境而已，一时幻妄之象，虚伪之用，举不足移易吾人真理之主张也。

　　然而宇宙之内万象森列，以一人之智察，而欲洞明一切应有尽有之实体，戛乎其难。即令各人竭其所知，以求真理之所在，而见仁见智，又人人殊，此其为道，不几一分而不可复合，一乱而不可复理，将言真理者愈众，求真理者愈多，而真理之为物愈以湮没而不彰乎？曰此不足以障真理之表显也。吾人各有其知力，即各有其知力所能达之境，达于其境而确将其所信以示之人，此即其人所见之真理也。言真理者之所谓真理，虽未必果为真理，即含有真理而亦未必全为真理。而能依其自信以认识其所谓真理者，即或违于真理，真理亦将介其自信之力以就之。故言论家欲求见信于社会，必先求所以自信社会之人，能自信者众，则此自信之众，即足成其社会之中枢，而能轨范其群于进步向上之途矣。故真理者人生之究竟，而自信者，又人生达于真理之途径也。

人生最高之理想，在求达于真理。故自呱呱堕地之时，即求光明于兹世，而葬于幽暗之域，乃为死亡之特征。然则吾人苟有所自信，初不必计及社会之于吾言，或遵为天经地义，抑斥为邪说淫辞。古今来之天经地义，未必永为天经地义，而邪说淫辞，则又未必果为邪说淫辞也。法律禁之，固所不许，社会压之，亦非得宜，使人人皆慑于社会心理之势力，而苟且姑息以与之因循敷衍，不惜枉其所信以暂屈于现状维持之下者，亦觉于真理之生涯未能彻底。平情论之，社会之演进、进步与秩序宜并重之。即高悬理想与俯就社会之言论，亦当兼容互需，而不可有所偏废，此立宪政治之所以重乎言论，而言论之所以重乎自由也。虽其立言之旨不容于当世，要其助益进步之功，亦与渐进之言论为用相等，或且过之。方其一群之中，犹自封于前人先圣之说，骤闻之或且訾为离经畔[1]道之徒，而于其说乃扞格而不相入。究之自有此离经畔道之说，一于世人之思想，着其痕影，虽受之者期期以为不可，而由斯已得正负相反之意象，并列杂陈，以于不知不识之间，动其坚固不拔之单纯思能，彼纵始终对于斯说，深恶痛绝，而有较为和缓委曲之说，以向之陈说，斯其言之虽不得直接以承其信许者，而间接以收调剂之功，已为不少。即让步言之，此种骇世之言论，直接间接丝毫不为并世之人所用，亦不足以沮立言者之气，而遂默持其所信以终于暗昧之乡。此其事，古人有行之者矣！杨朱为我之说，墨翟兼爱之旨，固二子所信为真理者也，而孟轲之徒，则距之辟之，不遗余力，以无父无君

---

[1] 畔：同"叛"。

罪之为禽兽。然自今日观之，其说于中国周秦时代哲学上之价值，固不减于孔、孟，已为中外学者所公认矣。李卓吾氏究讨内典，得罪儒宗，举世儒生，尽情谤僇，几不侪于人类之伦，卒至囚其人，火其书，然而卓吾当日，固明知其书必遭焚毁之陁[1]，而犹自榜其书曰《焚书》，将其所信表而出之，而今其书固犹流在人间也。苏格拉的当其身，尝以慢神不道之罪，而受国人之众推廷鞫，终以受戮矣；耶稣基督，亦以逆天之罪受时人之磔杀，流血于十字架上矣；近代俄之大儒托尔斯泰氏，亦尝见嫉于政府，破门于宗教矣。然而今世之人，或则崇为哲家，或则尊为教主，或则称为旷代文豪，此以知言论之权威，即不行于当时，犹能存于异代；虽或见陁于社会，仍可自信于良知也。余爱自信之言论，余尤爱自由之言论。盖言论而基于自信本于自由者，虽不必合于真理，而与真理为邻。余虽为急进之言论，余并不排渐进之言论，盖言论而发于良知之所信，无论其为急进、为渐进，皆能引于进步之境，而达于真理之生涯也。余故以真理之权威，张言论之权威，以言论之自由，示良知之自由，而愿与并世明达共勉之矣。

署名：守常
《甲寅》日刊
1917 年 4 月 17 日

---

[1] 陁：困窘。

今

　　我以为世间最可宝贵的就是"今",最易丧失的也是"今"。因为他最容易丧失,所以更觉得他可以宝贵。

　　为甚么"今"最可宝贵呢?最好借哲人耶曼孙所说的话答这个疑问:"尔若爱千古,尔当爱现在。昨日不能唤回来,明天还不确实,尔能确有把握的就是今日。今日一天,当明日两天。"

　　为甚么"今"最易丧失呢?因为宇宙大化,刻刻流转,绝不停留。时间这个东西,也不因为吾人贵他爱他稍稍在人间留恋。试问吾人说"今"说"现在",茫茫百千万劫,究竟那一刹那是吾人的"今",是吾人的"现在"呢?刚刚说他是"今"是"现在",他早已风驰电掣的一般,已成"过去"了。吾人若要糊糊涂涂把他丢掉,岂不可惜?

　　有的哲学家说,时间但有"过去"与"未来",并无"现在"。有的又说,"过去""未来"皆是"现在"。我以为"过去未来皆是现在"的话倒有些道理。因为"现在"就是所有"过去"流入的世界,换句话说,所有"过去"都埋没于"现在"的里边。故一时代的思潮,不是单纯在这个时代所能凭空成立的。不晓得有几多"过去"时代的思潮,差不多可以说是由所有"过去"时代的思潮一起凑合而成的。吾人投一石子于时代潮流里面,所激起的波澜声响,都向永远流动传播,不能消灭。屈原的《离骚》,永远使人人感泣。打击林肯头颅的枪声,呼应于永远的时间与空间。一时代的变动,绝不消失,仍遗留于次一时代,这样传演,至于无穷,在世界中有一贯相联的永远性。昨日的事件与今日的事件,合构成数个复杂事件。此数个复杂事件与明日的数个复杂事件,更合构成数个复杂事件。势力结合势力,问题牵起问题。无限的"过去"都以"现在"为归宿,无限的"未来"都以"现在"为渊源。"过去""未来"的中间全仗有"现在"以成其连续,以成其永远,以成其无始无终的大实在。一掣现在的铃,无限的过去未来皆遥相呼应。这就是过去未来皆是现在的道理。这就是"今"最可宝贵的道理。

现时有两种不知爱"今"的人:一种是厌"今"的人,一种是乐"今"的人。

厌"今"的人也有两派:一派是对于"现在"一切现象都不满足,因起一种回顾"过去"的感想。他们觉得"今"的总是不好,古的都是好。政治、法律、道德、风俗全是"今"不如古。此派人惟一的希望在复古。他们的心力全施于复古的运动。一派是对于"现在"一切现象都不满足,与复古的厌"今"派全同。但是他们不想"过去",但盼"将来"。盼"将来"的结果,往往流于梦想,把许多"现在"可以努力的事业都放弃不做,单是耽溺于虚无缥缈的空玄境界。这两派人都是不能助益进化,并且很足阻滞进化的。

乐"今"的人大概是些无志趣无意识的人，是些对于"现在"一切满足的人，觉得所处境遇可以安乐优游，不必再商进取，再为创造。这种人丧失"今"的好处，阻滞进化的潮流，同厌"今"派毫无区别。

原来厌"今"为人类的通性。大凡一境尚未实现以前，觉得此境有无限的佳趣，有无疆的福利，一旦身陷其境，却觉不过尔尔，随即起一种失望的念，厌"今"的心。又如吾人方处一境，觉得无甚可乐，而一旦其境变易，却又觉得其境可恋，其情可思。前者为企望"将来"的动机，后者为反顾"过去"的动机。但是回想"过去"，毫无效用，且空耗努力的时间。若以企望"将来"的动机，而尽"现在"的努力，则厌"今"思想却大足为进化的原动。乐"今"是一种惰性（Inertia），须再进一步，了解"今"所以可爱的道理，全在凭他可以为创造"将来"的努力，决不在得他可以安乐无为。

热心复古的人，开口闭口都是说"现在"的境象若何黑暗，若何卑污，罪恶若何深重，祸患若何剧烈。要晓得"现在"的境象倘若真是这样黑暗，这样卑污，罪恶这样深重，祸患这样剧烈，也都是"过去"所遗留的宿孽，断断不是"现在"造的。全归咎于"现在"，是断断不能接受的。要想改变他，但当努力以创造将来，不当努力以回复"过去"。

照这个道理讲起来，大实在的瀑流永远由无始的实在向无终的实在奔流。吾人的"我"，吾人的生命，也永远合所有生活上的潮流，随着大实在的奔流，以为扩大，以为继续，以为进转，以为发展。故实在即动力，生命即流转。

忆独秀先生曾于《一九一六年》文中说过，青年欲达民族更新的希望，"必自杀其一九一五年之青年，而自重其一九一六年之青年。"我尝推广其意，也说过人生惟一的蕲向，青年惟一的责任，在"从现在青春之我，扑杀过去青春之我，促今日青春之我，禅让明日青春之我。""不仅以今日青春之我，追杀今日白首之我，并宜以今日青春之我，豫杀来日白首之我。"实则历史的现象，时时流转，时时变易，同时还遗留永远不灭的现象和生命于宇宙之间，如何能杀得？所谓杀者，不过使今日的"我"不仍旧沉滞于昨天的"我"。而在今日之"我"中，固明明有昨天的"我"存在。不止有昨天的"我"，昨天以前的"我"，乃至十年二十年百千万亿年的"我"都俨然存在于"今我"的身上。然则"今"之"我"，"我"之"今"，岂可不珍重自将，为世间造些功德。稍一失脚，必致遗留层层罪恶种子于"未来"无量的人，即未来无量的"我"，永不能消除，永不能忏悔。

我请以最简明的一句话写出这篇的意思来：

吾人在世，不可厌"今"而徒回思"过去"，梦想"将来"，以耗误"现在"的努力。又不可以"今"境自足，毫不拿出"现在"的努力，谋"将来"的发展。宜善用"今"，以努力为"将来"之创造。由"今"所造的功德罪孽，永久不灭。故人生本务，在随实在之进行，为后人造大功德，供永远的"我"享受，扩张，传袭，至无穷极，以达"宇宙即我，我即宇宙"之究竟。

署名：李大钊

《新青年》第4卷第4号

1918年4月15日

新的！旧的！

宇宙进化的机轴，全由两种精神运之以行，正如车有两轮，鸟有两翼，一个是新的，一个是旧的。但这两种精神活动的方向，必须是代谢的，不是固定的；是合体的，不是分立的，才能于进化有益。

中国人今日的生活全是矛盾生活，中国今日的现象全是矛盾现象。举国的人都在矛盾现象中讨生活，当然觉得不安，当然觉得不快，既是觉得不安不快，当然要打破此矛盾生活的阶，另外创造一种新生活，以寄顿吾人的身心，慰安吾人的灵性。

矛盾生活，就是新旧不调和的生活，就是一个新的，一个旧的，其间相去不知几千万里的东西，偏偏凑在一处，分立对抗的生活。这种生活，最是苦痛，最无趣味，最容易起冲突。这一段国民的生活史，最是可怖。

欲研究一国家或一都会中某一时期人民的生活，任取其生活现象中的一粒微尘而分析之，也能知道其生活全部的特质。一个都会里一个人所穿的衣服，就是此都会里最美的市场中所陈设的；一个人的指爪上的一粒炭灰，就是由此都会里最大机械场的烟突中所飞落的。既同在一个生活之中，刹刹尘尘都含有全体的质性，都着有全体的颜色。

我前岁在北京过年，刚过新年，又过旧年。看见贺年的人，有的鞠躬，有的拜跪，有的脱帽，有的作揖，有的在门首悬挂国旗，有的张贴春联，因而起了种种联想。

想起黄昏时候走在街头，听见的是更夫的梆子丁丁的响，看见的是站岗巡警的枪刺耀耀的亮。更夫是旧的，巡警是新的。要用更夫，何用巡警？既用巡警，何用更夫？

又想起我国现已成了民国，仍然还有甚么清室。吾侪小民，一面要负担议会及公府的经费，一面又要负担优待清室的经费。民国是新的，清室是旧的，既有民国，那有清室？若有清室，何来民国？

又想起制定宪法。一面规定信仰自由，一面规定"以孔道为修身大本"。信仰自由是新的，孔道修身是旧的。既重自由，何又迫人来尊孔？既要迫人尊孔，何谓信仰自由？

又想起谈论政治的。一面主张自我实现，一面鼓吹贤人政治。自我实现是新的，贤人政治是旧的。既要自我实现，怎行贤人政治？若行贤人政治，怎能自我实现？

又想起法制习俗。一面立禁止重婚的刑律，一面许纳妾的习俗。禁止重婚的刑律是新的，纳妾的习俗是旧的。既施刑律，必禁习俗；若存习俗，必废刑律。

以上所说不过一时的杂感，其余类此者尚多。最近又在本志上看见独秀先生与南海圣人争论，半农先生向投书某君棒喝。以新的为本位论，南海圣人及投书某君最少应生在百年以前。以旧的为本位论，独秀、半农最少应生在百年以后。此等"风马牛不相及"的人物思想，竟不能不凑在一处，立在同一水平线上来讲话，岂不是绝大憾事？中国今日生活现象矛盾的原因，全在新旧的性质相差太远，活动又相邻太近。换句话说，就是新旧之间，纵的距离太远，横的距离太近；时间的性质差的太多，空间的接触逼的太紧。同时同地不容并存的人物、事实、思想、议论，走来走去，竟不能不走在一路来碰头，呈出两两配映、两两对立的奇观。这就是新的气力太薄，不能努力创造新生活，以征服旧的过处了。

我常走在前门一带通衢，觉得那样狭隘的一条道路，其间竟能容纳数多时代的器物：也有骆驼轿，也有上贴"借光二哥"的一轮车，也有骡车、马车、人力车、自转车、汽车等，把念世纪的东西同十五世纪以前的汇在一处。轮蹄轧轧，汽笛呜呜，车声马声，人力车夫互相唾骂声，纷纭错综，复杂万状，稍不加意，即遭冲轧，一般走路的人，精神很觉不安。推一轮车的讨厌人力车、马车、汽车，拉人力车的讨厌马车、汽车，赶马车的又讨厌汽车。反说回来，也是一样。新的嫌旧的妨阻，旧的嫌新的危险。照这样层级论，生活的内容不止是一种单纯的矛盾，简直是重重叠叠的矛盾。人生的径路，若是为重重叠叠的矛盾现象所塞，怎能急起直追，逐宇宙的大化前进呢？仔细想来，全是我们创造的能力缺乏的原故。若能在北京创造一条四通八达的电车轨路，我想那时乘坐驼轿、骡车、人力车等等的人，必都舍却这些笨拙迂腐的器具，来坐迅速捷便的电车，马路上自然绰有余裕，不像那样拥挤了。即有寥寥的汽车、马车、自转车等依旧通行，因为与电车纵的距离不甚相远，横的距离又不像从前那样逼近，也就都有容头过身的道路了，也就没有互相嫌恶的感情了，也就没有那样容易冲突的机会了。

因此我很盼望我们新青年打起精神，于政治、社会、文学、思想种种方面开辟一条新径路，创造一种新生活，以包容覆载那些残废颓败的老人，不但使他们不妨害文明的进步，且使他们也享享新文明的幸福，尝尝新生活的趣味，就像在北京建造电车轨道，输运从前那些乘驼轿、骡车、人力车的人一般。打破矛盾生活，脱去二重负担，这全是我们新青年的责任，看我们新青年的创造能力如何？

进！进！进！新青年！

署名：李大钊
《新青年》第4卷第5号
1918年5月15日

现代青年活动的方向

新世纪的曙光现了！新世纪的晨钟响了！我们有热情的青年呵！快快起来！努力去作人的活动！努力去作人的活动！

青年呵！你们临开始活动以前，应该定定方向。譬如航海远行的人，必先定个目的地，中途的指针，总是指着这个方向走，才能有达到那目的地的一天。若是方向不定，随风飘转，恐怕永无达到的日子。万一能够达到，也是偶然的机会。靠着偶然机会所得的成功，究竟没有很大的价值。

我今就现代青年活动的方向，稍有陈说，望我亲爱的青年垂听！

第一，现代的青年，应该在寂寞的方面活动，不要在热闹的方面活动。近来常听人说："我们青年要耐得过这寂寞日子。"我想这"寂寞日子"，并不是苦境，实在是一种乐境。我觉得世间一切光明，都从寂寞中发见出来。譬如天时，一年有一个冬季，是一年的寂寞日子。在此时间，万木枯黄，气象凋落，死寂，冷静，都是他的特色。可是那一年中最华美的春天，不是就从这个寂寞的冬天发见出来的么？一天有一个暗夜，也是一天的寂寞日子。在此时间，万种的尘嚣嘈杂，都有个一时片刻的安息。可是一日中最光耀的曙色，不是从这寂寞的暗夜发见出来的么？热闹中所含的，都是消沉，都是散灭；黑暗寂寞中所含的，都是发生，都是创造，都是光明。这样讲来，这寂寞日子，实在是有滋味、有趣意的日子，不是忍苦受罪的日子，我们实在乐得过，不是耐得过。况且耐得过的日子，必不长久。一个人若对于一种日子总觉得是耐得过，他的心中，必是认这寂寞日子，是一种苦境，是一种烦恼，那就很容易把他抛弃，去寻快乐日子过。因为避苦求乐，是人性的自然，勉强矜持的心，是靠不住的。譬如孀妇不再嫁，若是本着他自由的意思，那便是他的乐境，那种寂寞日子，他必乐得过到底。若是全因为受传说偶像的拘束，风俗名教的迫胁，才不去嫁，那真是人间莫大的苦境，那种寂寞日子，他虽天天耐得过，天天总有耐不得跟着。乐得过的是一种趣味，耐得过的是一种矜持。青年呵！我们在寂寞的方面活动，不可带着丝毫勉强矜持的意思，必须知道那里有一种真趣味，一种真光明，甘心情愿乐得过这寂寞日子，才能有从这寂寞日子中寻出真趣味，获得真光明的一日。

第二，现代的青年，应该在痛苦的方面活动，不要在欢乐的方面活动。本来苦乐两境，是比较的，不是绝对的。那个苦？那个乐？全靠各人的主观去判定他，本靡有一定标准的。我从前曾发过一种谬想，以为人生的趣味就在苦中求乐，受苦是人生本分，我们青年应该练忍苦的本领。后来觉得大错。避苦求乐，是人性的自然，背着自然去做，不是勉强，就是虚伪。这忍苦的人生观，是勉强的人生观,虚伪的人生观。那求乐的人生观,才是自然的人生观,真实的人生观。我们应该顺应自然,立在真实上,求得人生的光明,不可陷入勉强、虚伪的境界,把真正人生都归幻灭。但是,求乐虽是人性的自然,苦境总缘着这乐境发生,总来缠绕,这又当怎样摆脱呢?关于此点,我却有一个新见解,可是妥当与否,我自己还未敢自信。我觉得人生求乐的方法,最好莫过于尊重劳动。一切乐境,都可由劳动得来,一切苦境,都可由劳动解脱。劳动的人,自然没有苦境跟着他。这个道理,可以由精神的物质的两方面说。劳动为一切物质的富源,一切物品,都是劳动的结果。我们凭的几,坐的椅,写字用的纸笔墨砚,乃至吃的米,饮的水,穿的衣,靡有一样不是从劳动中得来。这是很容易晓得的。至于精神的方面,一切苦恼,也可以拿劳动去排除他,解脱他。这一点一般人却是多不注意。一个人一天到晚,无所事事,这个境界的本身,已经是大苦;而在无事的时间,一切不正当的欲望,靡趣味的思索,都乘隙而生。疲敝陈惰的血分,周满于身心,一切悲苦烦恼,相因而至,于是要想个消遣的法子。这消遣的法子,除去劳动,便靡有正当的法则。吃喝嫖赌,真是苦中苦的魔窟,把宝贵的人生,都消磨在这个中间,岂不可惜!岂不可痛!堕落在这里的人,都是不知道尊重劳动,不知道劳动中有无限的快乐,所以才误入迷途了。青年呵!你们要晓得劳动的人,实在不知道苦是什么东西。譬如身子疲乏,若去劳动一时半刻,顿得非常的爽快。隆冬的时候,若是坐着洋车出门,把浑身冻得战栗,若是步行走个十里五里,顿觉周身温暖。免苦的好法子,就是劳动。这叫作尊劳主义。这样讲来,社会上的人,若都本着这尊劳主义去达他们人生的目的,世间不就靡有什么苦痛了吗?你为何又说要我们青年在苦痛方面活动呢?此问甚是。但是现在的社会,持尊劳主义的人很少,而且社会的组织不良,少数劳动的人,所得的结果,都被大多数不劳动的人掠夺一空。劳动的人,仍不免有苦痛,仍不免有悲惨,而且最苦痛最悲惨的人,恐怕就是这些劳动的人。所以我们要打起精神来,寻着那苦痛悲惨的声音走。我们要晓得痛苦的人,是些什么人?痛苦的事,是些什么事?痛苦的原因,在什么地方?要想解脱他们的苦痛,应该用什么方法?我们不能从苦痛里救出他们,还有谁何能救出他们,肯救出他们?常听假慈悲的人说,这个苦痛悲惨的地方,我们真是不忍去,不忍看。但是我们青年朋友们,却是不忍不去,不忍不看,不忍不援手,把他们提醒,大家一齐消灭这苦痛的原因呵!

第三,现代的青年,也应在黑暗的方面活动,不要专在光明的方面活动。人生的努力,总向光明的方面走,这是人类向上的自然动机,但是世间果然到了光明的机运,无一处不是光明,我们在这光明中享尽人生之乐,岂不是一大幸事?无如世间的黑暗,仍旧遍在,许多的同胞,都陷溺到黑暗中间,我们焉能独自享受光明呢?同胞都在黑暗里面,我们不去援救他们,却自找一点不沾泥土的地方,偷去安乐,偷去清洁,那种光明,究竟能算得光明么?那种幸福,究竟能算得幸福么?旧时代的青年讲修养的,犹且有"先忧后乐"的话,新时代的青年,单单做到"独善其身"、"洁身自好"的地步,能算尽了责任的人么?俄国某诗人训告他们青年说:"毁了你的巢居,离开你的父母,你要独立自营,保住你心的清白与自然,那里有悲惨愁苦的声音,你到那里去活动。"这话真是现代青年的宝训,真是现代青年的警钟。我们睁开眼看!那些残杀同胞的兵士们,果真都是他们自己愿做这样残暴的事情么?杀人果真是他们的幸福么?他们就没有一段苦情不平,为一般人所不知道的么?他们的背后,果真没有什么东西逼他们去作杀人野兽么?那些倚门卖笑的娼妓们,果真都是他们自己愿做这样丑贱的事情么?卖笑果真是他们的幸福么?他们就没有一段苦情不平,为一般人所不知道的么?他们的背后,果真没有什么东西迫他们去作辱身的贱业么?那些监狱里的囚犯们,果真都是他们自己愿作罪恶的事么?他们做的犯法的事,果真是罪恶么?他们所受的刑罚,果真适当他们的罪恶么?他们就没有一段苦情不平,为一般人所不知道的么?他们的背后,果真没有什么东西逼他们陷于罪恶或是受了冤枉么?再看巷里街头老幼男女的乞丐们,冻馁的战抖在一堆,一种求爷叫奶的声音,最是可怜,一种秽垢惰丧的神气,最是伤心,他们果真愿作这可耻的态度丝毫不觉羞耻么?他们堕落到这个样子,果真都因为他们是天生的废材么?他们就没有一段苦情不平,为一般人所不知道的么?他们的背后,果真没有什么东西逼他们不得不如此么?由此类推,社会上一切陷于罪恶、堕落、秽污、黑暗的人,都不必全是他们本身的罪过。谁都是爹娘生的,谁都有不灭的人性,我们不可把他们看作洪水猛兽,远远的躲避他们。固然在黑暗的里面,潜藏着许多恶魔毒菌,但是防疫的医生,虽有被传染的危险,也是不能不在恶疫中奋斗。青年呵!只要把你的心放在坦白清明的境界,尽管拿你的光明去照澈大千的黑暗,就是有时困于魔境,或竟作了牺牲,也必有良好的效果发生出来。只要你的光明永不灭绝,世间的黑暗,终有灭绝的一天。

努力呵！猛进呵！我们亲爱的青年！

署名：守常

《晨报》

1919年3月14—16日

现在与将来

近来常听人说："中国人所以堕落到这步田地，都是因为他们只有'现在主义'，靡有'将来观念'。"因此，就拿"时间只有过去与将来，绝靡有现在"的话，来劝告他们，也是希望他们抛了"现在主义"，存点"将来观念"的意思。但是我对于这话，却有几个疑问：（一）堕落的生活中的现在，在人生观果然算得现在么？（二）就他们的生活而论，果然靡有他们的将来观念么？（三）时间果然靡有现在么？我要就这几点说几句话。

现今一般堕落的人，大概都不知道人生是什么东西。所以从人生上讲，他们不但靡有将来，并且靡有现在。他们的现在，不是他们的人生，是他们发舒兽欲的机会。他们有了工夫，就去嫖，去赌，去拨弄是非，奔走权要，想出神法鬼法，去弄几个丧良心的金钱，拿来满足他们的兽欲。像这样的活动，在宇宙自然的大生命中，在人类全体的大生命中，在他自己一个人的全生命中，有丝毫算得是人生的现在么？依我看来，这种的生活，简直是把人生的活动，完全灭尽。他们的知能躯体，全听兽欲的冲动的支配。若说他们有现在，也是兽欲的现在，不是人生的现在。这种的生活，不配叫什么主义。

这种堕落的生活，固然在真正人生上，不但靡有将来，并靡有现在；而在他们的兽欲生活中，却是不但有他们的现在，并且有他们的将来。试看那强盗军阀，那个不是忙着搜括地皮，扣侵军饷，拿到他家，盖上些比城墙还坚的房子，预备他那子孙下辈万世之业？那卖国官吏，那个不是忙着和外国人勾结，做点合办事业，吃点借款回扣，好去填他的私囊，至少也可以做下半世的过活？就是那最时髦的政客，成日价营营苟苟，忙个不了，今天靠着某军阀，明天靠着某元老，也是总想作回大官，发回大财，又那个不是为他将来的物质生活作预备呢？这样看来，他们虽然靡有真正人生的将来，他们却有他们那种生活的将来；他们固然有他们那种生活的现在，却靡有真正人生的现在。

至于时间是否有现在？是哲学上一大问题。有人说只有过去与未来，靡有现在；有人说过去与未来都是现在。如今我们且不去判断他们的是非，但是我却确信过去与将来，都是在那无始无终、永远流转的大自在、大生命中比较出来的程序，其实中间都有一个连续不断的生命力，一线相贯，不可分析，不可断灭。我们不能画清过去与将来，截然为二。完成表现这中间不断的关系，就是我们人生的现在。我们要想完成这自然的大生命，应该先实现自己的人生。我们要想实现自己的人生，应该把我们生命中过去与将来间的关系、时间全用在人生方面的活动，不用在兽欲方面的冲动。

署名：守常
《晨报》
1919年3月28日

"少年中国"的"少年运动"

我们的理想，是在创造一个"少年中国"。

"少年中国"能不能创造成立，全看我们的"少年运动"如何。

我们"少年中国"的理想，不是死板的模型，是自由的创造；不是铸定的偶像，是活动的生活。我想我们"少年中国"的少年，人人理想中必定都有一个他自己所欲创造而且正在创造的"少年中国"。你理想中的"少年中国"和我理想中的"少年中国"不必相同；我理想中的"少年中国"，又和他理想中的"少年中国"未必一致。可是我们的同志，我们的朋友，毕竟都在携手同行，沿着那一线清新的曙光，向光明方面走。那光明里一定有我们的"少年中国"在。我们各个不同的"少年中国"的理想，一定都集中在那光明里成一个结晶，那就是我们共同创造的"少年中国"。仿佛像一部洁白未曾写过的历史空页，我们大家你写一页，我写一页，才完成了这一部"少年中国"史。

我现在只说我自己理想中的"少年中国"。

我所理想的"少年中国",是由物质和精神两面改造而成的"少年中国",是灵肉一致的"少年中国"。

为创造我们理想的"少年中国",我很希望这一班与我们理想相同的少年好友,大家都把自己的少年精神拿出来,努力去作我们的"少年运动"。我们"少年运动"的第一步,就是要作两种的文化运动:一个是精神改造的运动,一个是物质改造的运动。

精神改造的运动,就是本着人道主义的精神,宣传"互助"、"博爱"的道理,改造现代堕落的人心,使人人都把"人"的面目拿出来对他的同胞;把那占据的冲动,变为创造的冲动;把那残杀的生活,变为友爱的生活;把那侵夺的习惯,变为同劳的习惯;把那私营的心理,变为公善的心理。这个精神的改造,实在是要与物质的改造一致进行,而在物质的改造开始的时期,更是要紧。因为人类在马克思所谓"前史"的期间,习染恶性很深,物质的改造虽然成功,人心内部的恶,若不划[1]除净尽,他在新社会新生活里依然还要复萌,这改造的社会组织,终于受他的害,保持不住。

物质改造的运动,就是本着勤工主义的精神,创造一种"劳工神圣"的组织,改造现代游惰本位、掠夺主义的经济制度,把那劳工的生活,从这种制度下解放出来,使人人都须作工,作工的人都能吃饭。因为经济组织没有改变,精神的改造很难成功。在从前的经济组织里,何尝没有人讲过"博爱"、"互助"的道理,不过这表面构造(就是一切文化的构造)的力量,到底比不上基础构造(就

---

[1] 划:同"铲"。

是经济构造）的力量大。你只管讲你的道理，他时时从根本上破坏你的道理，使他永远不能实现。

"少年中国"的少年好友呵！我们的一生生涯，是向"少年中国"进行的一条长路程。我们为达到这条路程的终点，应该把这两种文化运动，当作车的两轮，鸟的双翼，用全生涯的努力鼓舞着向前进行！向前飞跃！

"少年中国"的少年好友呵！我们要作这两种文化运动，不该常常漂泊在这都市上，在工作社会以外作一种文化的游民；应该投身到山林里村落里去，在那绿野烟雨中，一锄一犁的作那些辛苦劳农的伴侣。吸烟休息的时间，田间篱下的场所，都有我们开发他们，慰安他们的机会。须知"劳工神圣"的话，断断不配那一点不作手足劳动的人讲的；那不劳而食的智识阶级，应该与那些资本家一样受排斥的。中国今日的情形，都市和村落完全打成两橛，几乎是两个世界一样。都市上所发生的问题，所传播的文化，村落里的人，毫不发生一点关系；村落里的生活，都市上的人，大概也是漠不关心，或者全不知道他是什么状况。这全是交通阻塞的缘故。交通阻塞的意义，有两个解释：一是物质的交通阻塞，用邮电、舟车可以救济的；一是文化的交通阻塞，非用一种文化的交通机关不能救济的。在文化较高的国家，一般劳农容受文化的质量多，只要物质的交通没有阻塞，出版物可以传递，文化的传播，就能达到这个地方，而在文化较低的国家，全仗自觉少年的宣传运动，在这个地方，文化的交通机关，就是在山林里村落里与那些劳农共同劳动自觉的少年。只要山林里村落里有了我们的足迹，那精神改造的种子，因为得了洁美的自然，深厚的土壤，自然可以发育起来。那些天天和自然界相接的农民,自然都成了人道主义的信徒。不但在共同劳作的生活里可以感化传播于无形,就是在都市上产生的文化利器——出版物类——也必随着少年的足迹,尽量输入到山林里村落里去。我们应该学那闲暇的时候就来都市里著书,农忙的时候就在田间工作的陶士泰先生,文化的空气才能与山林里村落里的树影炊烟联成一气,那些静沉沉的老村落才能变成活泼泼的新村落。新村落的大联合,就是我们的"少年中国"。

我们"少年中国"的少年好友啊!我们既然是二十世纪的少年,就该把眼光放的远些,不要受腐败家庭的束缚,不要受狭隘爱国心的拘牵。我们的新生活,小到完成我的个性,大到企图世界的幸福。我们的家庭范围,已经扩充到全世界了,其余都是进化轨道上的遗迹,都该打破。我们应该拿世界的生活作家庭的生活,我们应该承认爱人的运动比爱国的运动更重。我们的"少年中国"观,决不是要把中国这个国家,作少年的舞台,去在列国竞争场里争个胜负,乃是要把中国这个地域,当作世界的一部分,由我们住居这个地域的少年朋友们下手改造,以尽我们对于世界改造一部分的责任。我们"少年运动"的范围,决不止于中国:有时与其他亚细亚的少年握手,作亚细亚少年的共同运动;有时与世界的少年握手,作世界少年的共同运动,也都是我们"少年中国主义"分内的事。

总结几句话,就是:

我所希望的"少年中国"的"少年运动",是物心两面改造的运动,是灵肉一致改造的运动,是打破智识阶级的运动,是加入劳工团体的运动,是以村落为基础建立小组织的运动,是以世界为家庭扩充大联合的运动。

少年中国的少年呵！少年中国的运动，就是世界改造的运动，少年中国的少年，都应该是世界的少年。

署名：李大钊

《少年中国》第1卷第3期

1919年9月15日

今与古
——在北京孔德学校的演讲

我今天所讲的题目,是《今与古》。今是现在,古是过去的时代。我们现在把今与古来对讲,是要考查现在的人与古来的人有什么不同之点?现在的人与古来的人有什么关系?这些问题,对于我们生活很是重要,所以来大略说一说。有人在文章上发表他的意思,常说:"世道人心,今不如昔";"人心不古";"现在的风俗、道德、人心,不如古来的风俗、道德、人心"。讲这些话的人,大半都是"前辈""长者"。他不满意于青年,也不满意现在的一般人,于是发为感叹,而动其怀古的思想。但是我们想想,是不是今人真不如古人?是不是发这样感想的人错误?这是个很有趣味的问题。我们先考究他们所以怀古的原因:

(1)发此种感想的人,对于现在的人心、风俗、政治、道德,都不满意,感觉苦痛,因而厌倦现在,认为现在都是黑暗的,没有光明的。这种厌倦现在的感想,并不是坏的感想,因为有了这种感想,对于各种事务,才都希望改进。有了希望改进的思想,才能向前进步,才能创造将来。若是不满意现在,而欲退回,把现在的世界回到百年千年以至万年前的世界,这不光是观念错误,并且是绝对不可能的事。这是伤时之人厌恶现在,而触动他怀旧之心的一个原因。

(2)人大半是羡慕古人之心太盛,如古人在当时不过是一斤八两的分量,到现在人看来就有了千斤万斤的分量,这是受时间距离太远的影响,因而在心理上发生一种暗示,这种暗示可以把古人变成过于实在的伟大,如同拿显微镜看物一样。例如火在人类史上有极大的关系,因自有火的发明,而人类生活遂发生很大的变动;又如农业,也是人类史上一个很大的发明。不过火同农业的发明,是社会的进化,并不是所谓神农、燧人一二人的功德。而旧史却不认为是社会的进步,而认为是少数神圣的发明,这是年代距离太远,传闻失实所致。又如黄帝,古代有无其人,尚不敢必,但是世人尊敬他的心,比他本人值得我们尊敬的分量,高的多多。又如某校请一位本国教员,并不见得学生怎样信仰,怎样欢迎,要请一位有与本国教员同等学问的外国教员,就非常的尊敬欢迎,就是出洋留学的,也觉得比不出洋留学的好些。谚云"远来的和尚会念经",这是普通的心理。推想起来,这又是因为受了空间距离太远的影响。过分的崇敬古人,其理亦与此同。我们的子孙对于我们,或现在一般的人,所发生的尊崇心,是我们想不到的高厚,也未可知。

(3)社会进化,是循环的,历史的演进,常是一盛一衰,一治一乱,一起一落。人若生当衰落时代,每易回思过去的昌明。其实人类历史演进,一盛之后,有一衰,一衰之后,尚可复盛,一起之后,有一落,一落之后,尚可复起,而且一盛一衰,一起一落之中,已经含着进步,如螺旋式的循环。世运每由昌明时代,转为衰落时代,甚而至于澌灭,因而许多人以为今不如昔,就发生怀古的思想,那里知道衰落之后,还有将来的昌明哩!

(4)随着家族制度,发生崇祀祖先之思想,也可以引起崇拜古人的观念。故崇拜祖先的礼俗,亦是使人发生怀古思想的一个原因。

(5)现在也有不如古来的,如艺术。艺术乃是有创造天才的人所造成的。艺术不分新旧,反有历时愈久,而愈见其好者,因此也可以使人发生怀古的观念。

怀古的思想,多发生于老年人之脑际,青年人正与相反。一派以为今不如古,总打算恢复三代以上的文物制度,一派以为古不如今,因此在学术史上就发生了争论。在十七世纪初期文艺复兴后,法兰西、意大利就有今古之争,于文艺(诗歌文学)上,此争尤烈。崇古派则崇拜荷马,崇今派则攻击荷马。这种争论,大众以为不过是文学上的枝叶问题。自孔德出,才以为这种争论,不光是在文学上如此,各种知识,都不能免,才把这种争论的关系,看得很大。这种争论,起于意大利,传至法兰西、英吉利,前后凡百余年。

在历史学上进化、退化的问题亦成争论。崇古派主张黄金时代说,以为人类初有历史的时期,叫做黄金时代,以后逐渐退落,而为银时代,铜时代,铁时代,世道人心,如江河之日下云云者以此。崇今派以为古代没有黄金时代,古时的人,几同禽兽,没有什么好的可说。现在是由那种状态慢慢的进化而来的,如有黄金时代,亦必在将来,现在或是银的时代,过去的时代,不过是铁时代、铜时代罢了。其说正与崇古派相反。布丹说:"崇古派说古来是黄金时代,全然错误。他们所说的黄金时代,还不如他们所说的铁时代的现在,假使他们所说的黄金时代,可以召唤回来,和现在比一比,那个时代，反倒是铁，现在反倒是金亦未可知。"中国唐虞时代，今人犹称羡不置，一般崇古的人，总是怀想黄、农、虞、夏、文、武、周、孔之盛世。但此是伪造，亦与西洋所谓黄金时代相同。他们已经打破黄金时代之说，我们也须把中国伪造的黄金时代说打破，才能创造将来，力图进步。这全靠我们的努力。这个责任我们都要负着。在中国古书里面，亦可以寻出许多今古的比论，如"后生可畏，焉知来者之不如今也"。其语气在古代，似有新的意味，且近似进化说。《书经》上说："人惟求旧，器匪求旧，惟新"。这又是人是旧的好，器是新的好的意思。

中国人怀古的思想，比西洋人怀古的思想还要盛。因为西洋科学早已发明。科学是在自然界中找出一定的法则，有如何的因，便有如何的果。他们能用科学方法证其因果，又能就古来的，而发明古来所未有的。这样，古人的发明，都有明瞭的法则，都遗留给后人，而今人却能于古人的发明以外，用科学方法有所新发明。中国科学不发达，古人遗留下的多是艺术的，创造全靠个人特有的天才，非他人所能及。故中国人崇古的思想，格外的发达，中国人对于古人格外仰慕，对于古人的艺术格外爱恋。

怀古思想发生之原因，及中外怀古思想不同之点，既如上述。现在我发表我对于这种思想的批评。

古代自有古代相当之价值，但古虽好，也包含于今之内。人的生活，是不断的生命（连续的生活），由古而今，是一线串联的一个大生命。我们看古是旧，将来看今也是古。刚才说的话，移时便成过去；便是现在，也是一个假定的名词。古人所创造的东西，都在今人生活之中包藏着，我们不要想他。例如现在的衣服，其形式、材料及制造的方法，极其精致，古来次第发明的痕迹，都已包藏在内。像古人所取以蔽体御寒的树叶、兽皮，我们又何必去怀想他！

黄金时代说是错误的，因为人与自然有关系，如太阳光、空气等等。人离开自然，就不能生活。古时的自然产生孔子那样的伟人，现在的自然亦可以产生孔子那样的伟人。同一的太阳光，同一的空气，在古能生的人，在今又何尝不能生？古代生的人，如何能说是万世师表！崇古派所认为黄金时代产生之人，现在也可以产生出来，我们不必去怀古。怀古的思想，固可打破，但我们不能不以现在为阶梯，而向前追求，决不能认现在为天国。当时时有不满意现在的思想，厌倦现在的思想。有了这种思想，再求所以改进之方。如现在中国国势糟到此等地步，我们须要改造，不要学张勋因怀古而复辟，要拿新的来改造。他们是想过去的，我们只是想将来的。历史是人创造的，古时是古人创造的，今世是今人创造的。古时的艺术，固不为坏，但是我们也可以创造我们的艺术。古人的艺术，是以古人特有的天才创造的，固有我们不能及的地方，但我们凭我们的天才创造的艺术，古人也不见得能赶上。古人有古人的艺术，我们有我们的艺术。要知道历史是循环不断的，我们承古人的生活，而我们的子孙，再接续我们的生活。我们要利用现在的生活，而加创造，使后世子孙得有黄金时代，这是我们的责任。

署名：李守常演讲

吴前模、王淑周笔记

《晨报副刊》

1922 年 1 月 8 日

时

　　今逢《晨报》第五周年纪念日，吾乃就"时"的观念发生种种感想。"晨"为日之始，新鲜的朝气，清明的曙光，都随"晨"的时光以俱至。"晨"出吾人于长夜漫漫的暗域，"晨"导吾人于生活迈进的前途。一生最好是少年，一年最好是青春，一朝最好是清晨。周为岁之满，天运人生周行不息，盈虚消长，相反相成。逝者未逝，都已流入现今的中间，盈者未盈，正是生长未来的开始。时是无始无终的大自然，时是无疆无垠的大实在，为"晨"为"周"，都是这大自然大实在流露出来的一体。

　　时是伟大的创造者，时亦是伟大的破坏者。历史的楼台，是他的创造的工程。历史的废墟，是他的破坏的遗迹。世界的生灭成毁，人间的成败兴衰，都是时的幻身游戏。

　　时是什么东西？吾曾以之问于玄学，问于认识论，问于心理学，问于数学，问于物理学，问于天文学，都只能与吾以一部分的解答，不能说出他的真实的全体。有的物理学者说，他与"以太"有关。

但是"以太"云者究为何物？仙乎神乎，百般捉摸，不能得其正体。近来物理学者努力的结果，已知"以太"云者，本无是物。欧洲有一种学问，名为Chronology，译成国语曰编年学，曰纪年学，曰年代学，亦曰时学。我欲以时为何物，问之Chronology，但这不过是研究时的计算，并未涉及时的根本问题。心理学家又来告我，时是心造，因境而异。同一时间，欢娱则每恨其短，痛苦则每厌其长；怀人则一日三秋，乐生则百年旦夕。地质学家从旁窃笑，谓史学者把几千几万年间的经过，分成上古、中古、近古诸期，其间盛衰兴亡，纷纭热闹，杳乎久矣，而在地质学上看去，这不抵一朝暮间的事。"朝菌不知晦朔，蟪蛄不知春秋"。"吾生也有涯，而知也无涯"。吾侪尽自懵着头过这朝菌、蟪蛄的生活罢了。时的问题不能研究，且亦不必研究。说来说去，言人人殊，时的问题，真是不可思议。

哲家者流，究时之义，竭虑殚思，不能得其象迹，乃有拟于空间以为说法者。谓时如一线，引而弥长，既被引者，平列诸点，有去来今。但以此喻说明时的递嬗，亦不合理。因此一线，既已引者，悉属过去，未曾引者，当在未来，现今之点，列于何所？我们知道，三世代迁，惟今为重，凡诸过去，悉纳于今，有今为基，无限未来，乃胎于此。如兹说法，消泯了现今，亦即无异丧失了人生的奥秘。凡诸过去，将于何托？凡诸未来，于何承接？此种说法，不能使人满足。我乃沉思，更得一义：既引的线，确属过去，未引的线，确在未来，然此线之行，实由过去，趋向未来，必有力焉，引之始现。此力之动，即为引的行为，引的行为，即为今点所在。过去未来，皆赖乎今，以为延引。今是生活，今是动力，今是行为，今是创作。苟一刹那，不有行为，不为动作，此一刹那的今，即归于乌有，此一刹那的生,即等于丧失。本乎此理,以观历史,以观人生,有二要义,务须记取:时的引线,与空间异。引线于空间,可以直往,亦可以逆返,我们可从北京来到上海,又可由上海返于北京。至于时间,则今日之日,不可延留,昨日之日,不能呼返。我们能从昨日来到今日,不能再由今日返于昨日。我们在此只能前进不能回还的时的途程中,只有行动,只有作为,只有迈往,只有努进,没有一瞬徘徊的工夫,没有半点踌躇的余地。你不能旁观,你不可回顾,因为你便是引线前进的主动。你一旁观,你一回顾,便误了你在那一刹那在此不准退只准进、不准停只准行的大自然大实在中的行程,便遗在后面作了时代的落伍者。于是另有一义,随之而起。凡历史的事件,历史的人物,都是一趟过的。无论是悲剧,是壮剧,是喜剧,是惨剧,是英雄末路,是儿女长情,都是只演一次的。无论是英雄,是圣贤,是暴君,是流寇,是绝代的佳人,是盖世的才子,在历史的旅途上,亦只是过一回的。垓下的歌声只能听得一次,马嵬坡前的眼泪只是流过一回,乃至屈子的骚怨,少陵的悲愤,或寄于文辞,或寓于诗赋,百千万世的后人,只能传诵他们,吟咏他们,不能照原样再作他们。就是我们糊里糊涂一天一天的过去的生活,亦都为一往而不可复返。看到此处,真令人惊心动魄了。人生既是这样可以珍重的东西,那么朝朝都有晨光,年年都有周岁,光阴似箭,一去不还,我们应该如何郑重的欢天喜地的行动着,创造着过去。凡是遇在这一进不退一往不返的、只能见一面的、只能遇一遭的时的旅途上的人们,都是我们的好朋友、好弟兄,我们应该如何郑重的握着手,欢天喜地的亲爱着、互助着,共赴人生的大路。我们不要迟疑审顾的误了好时光,更不要此猜彼忌的留下恶痕迹。机会不可复得，因缘永难再遇。我们在这万劫长流中，大家珍重，向前迈进，走此一遭，必能达到黄金世界的境域。

在空间论前后，前在我们的面前，后在我们的背后。在时间论前后，却恰与此相反。一说前日，便是指那过去的一日；一说后日，便是指那未来的一日。这样说来，后日却在我们的面前，前日反在我们的背后。日常云用，毫不觉异，此果何故？我尝细思，这等言语，很可以表示我们时的观念的错误，历史观的错误，人生观的错误。寻常设想，总以为时的首脑在于古初，时的进行的方向是向广漠无涯的过去奔驰，吾人只是立在一旁，屹然不动，回过身来，向着过去方面看，这太古的机关车带着这些未来连续不断的时的列车，滔滔滚滚的，似水东流，直向荒古方面奔去，所以误认过去的一日转在吾前，未来的一日反在吾后了。这种时的观念所产生的历史观、人生观，是逆退的，是静止的，是背乎大自然大实在进展的方面的，是回顾过去的，是丧失未来的。要知时的首脑，不在古初，乃在现在，不是向广漠无涯的过去奔驰，乃是向广漠无涯的未来奔驰。吾人是开辟道路的，是乘在这时的列车的机关车上，作他的主动力，向前迈进他的行程，增辟他的径路的，不是笼着手，背着身，立在旁观的地位，自处于时的动转以外的。我们要改变这误谬的时的观念，改变这随着他产生的误谬的历史观、人生观，要回过头来顺着向未来发展的大自然大实在的方面昂头迈进，变逆退的为顺进的，变静止的为行动的。这样子，我们才能得到一个奋兴鼓舞的历史观，乐天努力的人生观。

在中国的思想界，退落的或循环的历史观，本来很盛，根深蒂固，不可拔除。至于今日，又有反动复活的趋势。虽以论坛权威如章行严、梁任公两先生者，亦有退反于退落的或循环的历史观的倾向。章先生则一面说，从前衣服既由宽大而趋于瘦小，今则复由瘦小而返于宽大，以证史相的反复循环；一面又说唐碑不如魏碑，魏碑不如汉碑，以证人文的愈趋愈下，似为一种循环的而又退落的历史观。梁先生则虽犹回顾其《新民丛报》时代的进步的历史观而不忍遽弃，但细味其为文，行间字里，几全为悲观的论调所掩蔽，全为退落的历史观张目，而于进步的历史观深致其怀疑。我本崇今论者，深惧此等论坛权威将为怀古论者推波而助澜，用特揭出"时"的问题以与贤者相商榷，冀其翻然思反，复归于进步论者之林，与我们携手提撕，共到进步的大路上去。这是区区此文的微意。总之，我认时是有进无退的，时是一往不返的，循环云者，退落云者，绝非时的本相。即让一步，承认时的进路是循环的，这个循环亦是顺进的，不是逆退的，只是螺旋的进步，不是反复的停滞。历史的事件与人物，是只过一趟的，是只演一回的。我们今人设若郑重的过这一趟，演这一回，安见不及古人？安见不能超越古人？即让一步，承认古人有非今人所能及的，有非今人所能胜的，他也只是在历史上过一趟的，演一回的，不能因为今人的崇拜与怀思再来一次。我们只有随着这有进无退的时的流转，郑重的过这一趟，演这一回。"要知此一趟的经过，此一回的演行，乃永久存在，永久传流，贯注于人类生活中，经万劫而不朽！"

十二，十一，一。
署名：李守常
《晨报五周年纪念增刊》
1923年12月1日

辑二

时评

隐忧篇

国基未固，百制抢攘[1]，自统一政府成立以迄今日，凡百士夫，心怀兢惕，殷殷冀当世贤豪，血心毅力，除意见，群策力，一力进于建设，隆我国运，俾巩固于金瓯，撼此大难，肩此巨艰，斯固未可以简易视之。而决未意其扶摇飘荡，如敝舟深泛溟洋，上有风雨之摧淋，下有狂涛之荡激，尺移寸度，原望其有彼岸之可达，乃迟迟数月，固犹在惶恐滩中也。

蒙藏离异，外敌伺隙，领土削蹙，立召瓜分，边患一也；军兴以来，广征厚募，集易解难，饷糈罔措，兵忧二也；雀罗鼠掘，财源既竭，外债危险，废食咽以，财困三也；连年水旱，江南河北，庚癸之呼，不绝于耳，食艰四也；工困于市，农叹于野，生之者敝，百业凋躃，业敝五也；顽梗未净，政俗难革，事繁人乏，青黄不接，才难六也。凡此种种，足以牵滞民国建设之进行，矧在来兹，隐忧

---

[1] 抢攘：纷乱的状态。

潜伏，创国伊始，不早为之所，其贻民国忧者正巨也。悬测逆睹，厥要有三：

一 党私

党非必祸国者也。且不惟非祸国者，用之得当，相为政竞，国且赖以昌焉。又不惟国可赖党以昌，凡立宪国之政治精神，无不寄于政党，是政党又为立宪政治之产物矣。而何以吾国政党甫萌，遽断断焉警之、惕之、箴之、戒之、诋之、谋之，甚至虑为亡国之媒者。岂吾华历代君主失国之际，均豫有党争为之朕，而有以促其亡，俾后之人受历史之迷惑，一闻党字，遂谈虎色变，而以旧历史之眼光，视今之政党欤？非也。唐之清流，宋之蜀、洛、朔，明之东林、复社，均一时干国英杰，使在今日，吾人且铸金事之。徒以君子小人，有如水火。一方既以道义相号召，则嬖幸之流，恐不见容，遂而荧惑诽谤，以泄其私，举正人义士，排挤倾轧于无余。私心党见之足以祸国，讵以时之今古而殊耶？试观今日之政党，争意见不争政见，已至于此，且多假军势以自固。则将来党争之时，即兵争之时矣。党界诸君子，其有见及此者乎？盍早图之。

二 省私

中华建国，版舆辽阔。昔者山川瞑隔，交通尼阻，风俗之异，言语之差，胥以地理之关系，为疏通结络之梗，则界域之见，存乎其间，势使然也。然以中央权重，集中于一，前此省见，殊未与政治上以影响。逮满清末叶，各省督抚握权渐重，益以政运趋新，地方日增活动，省见因以稍启。革命军兴，各省以次脱离满清羁绊，宣告独立，自举都督，此不过一时革命行军之计画也。而孰知省界之分，以是及于人心者匪鲜耶。试思一国设省，一省设县，纯因地理人情之便而划之政治区域，其土地犹是国家之领土，其人民犹是国家之国民，宁可省自私之。乃近顷用人行政，省自为治，畛域日深，循是以往，数年或数十年后，势至各省俨同异国，痛痒不关，即军事财政之协助，系乎国家兴亡者，将亦有所计较而不为矣。至神州粉碎，同归于尽，始追悔痛恨于向者省见之非，晚矣！

三　匪氛

历稽载籍，一代兴亡之交，其先必匪乱丛起，良以失政之朝，民多怨之，加之饥馑荐臻，灾异迭见，于是枭雄乘之，狐鸣篝火，愚惑斯民，凡以欲遂其帝王事业之私图也。明之亡也，流寇遍天下，即无满清之西侵，亦决不能永其国祚，而黎元之遭其糜躏，亘数十年，亦不堪矣！民国之兴，基于大义，用兵不过三阅月，成功之速，为东西历史所未有，吾华之幸，抑亦吾民之幸也。然窃有忧者，则匪氛之起，不在满清末运，而在民国初年。何则？战后之兵，蛮野浮动，在伍时既大肆劫掠，退伍后仍将流为盗寇，则今日之兵，即他日之匪，其因一；愚民不识共和为何物，教育不克立收成效，责以国民义务，群惊为苛法虐政，起而抗变，其因二；一度战乱，元气大丧，民间愁苦怨嗟，实为乱阶，其因三；左道之流，造谣惑众，此次革命，引起此辈帝王思想，其因四。怅望前途，不寒而栗，黯黯中原，将沦为盗贼世界，吾民尚有噍类耶！

以上三端，百思恐不获免。凡百君子，其有以嘉谋嘉猷而弭于未然者乎？曷有以解我忧？

按：斯篇成于民国元年六月，迄今将及一纪，党争则日激日厉，省界亦愈划愈严。近宋案发生，借款事起，南北几兴兵戎，生民险遭涂炭。人心诡诈，暗杀流行，国士元勋，人各恐怖，而九龙、龙华诸会匪，又复蠢蠢欲动，匪氛日益猖炽，环顾神州，危机万状。抚今思昔，斯文着笔时，犹是太平时也。呜呼！记者附识。

署名：李钊

《言治》月刊第 1 年第 3 期

1913 年 6 月 1 日

国民之薪胆

　　吾国对日关系之痛史，宜镌骨铭心纪其深仇大辱者，有三事焉：曰甲午，曰甲辰，曰甲寅。甲午之役，丧师割地，东亚霸权，拱手以让诸日本。甲辰之役，日本与俄，争我满洲，而以我国为战场，我反作壁上观，其结果致敌势益见披昌。甲寅之役，日德构衅，以吾国山东为战场，一如日俄故事，后幅文章，竟欲演亡韩之惨剧于吾中国。此三甲纪念，实吾民没齿不忘者也。吾人于甲寅之新印象，更牵起甲午、甲辰之回顾，以青岛之战祸，无异辽东之劫，通牒之酷虐，几于城下之盟，将来欧洲战云若霁，此风雨摧零之中华国徽，究因横暴之侵陵，作何颜色，茫茫前路，殊难预卜。但知吾国沦降之新地位至于何等，皆日本此次乘世界之变局，强携我国家若民族濒于万劫难复之域，而堕之于九渊之中。吾人历数新仇旧怨之痕影，苟时势尚许我以最后之奋斗，则此三甲纪念中之甲寅，吾人尤愿与之共未来之薪胆生涯者矣。

　　交涉告急之顷，吾人执笔欲纪其经过之概略，而以外交秘密，莫从探检辄止。内外报章，虽各间有传载，亦东鳞西爪，莫辨虚实。

延至今日，吾国竟屈于敌，震于其强暴无理之最后通牒，丧失国权甚巨，国将由此不国矣！交涉既结，两国政府，均有发表之公文，而自青岛战争伊始，迄于日本向我国提出要索条件，其间交涉详情，本会前曾刊行之《日人谋我近事》（雷君殷著），述之颇详，雷君且愿广续终篇，饷我国民。兹篇之作，仅撮其要，而以最近国民之血泪，略事点缀，取其便置座右，永志弗忘而已！

民国三年八月，欧洲大战之血幕既开，日本政府于八月四日，发表一种公文，旨在宣言对于战局严守中立，惟万一英国亦涉战潮，日、英协约目的濒于危殆，日本当尽协约义务，而执必要之措置。识者已预知东亚之悲惨风云，将从其所谓必要措置者腾波叠浪而来矣。于是同月六日，大隈氏召集内阁会议，八日夜召集元老会议，九日与英政府开始交涉，英不同意，日更要之以利害，请其再思，十二日夜半，得英同意，但附条件，十四日日、英交涉完毕。

十五日午后七时，致最后通牒于德国，借保东亚和平之名，要求德国以胶州湾租借地全部交还中国为目的，限于一九一四年九月十五日交付日本，并称至八月二十三日正午，不接完全承认之答复，日本当执必要之行动。届时德不答，是日午后六时，日本政府遂向德国宣战。二十七日奥国亦向日本宣战。先是八月二、三、四日欧战起，六日吾国遂布中立。同日电驻日、美我国公使，俾向日、美二国政府陈辞，请其与中国协力限制战局。美国复电赞同，日本不应，后遂果攻胶州湾。但宣战前日本代理公使小幡酉吉，亦尝向我国声明："此次用兵，原为维持东亚和平，履行日、英盟约起见，日本决不侵占中国领土，违害中国中立。"乃九月二日，日本军突由山东黄县之龙口、莱州之金口、即墨之虎头口上陆，公然侵我中立。我国政府，仓卒不知所措，德国起而抗议，乃听顾问日本人有贺长雄之言，援日、俄战时旧例，推广战区，宣布局部中立。德、奥不平，屡起抗议，抗议未已，而日军又于九月二十五日抵山东中部，迫我交战区域以外之潍县。时日本新派驻华公使日置益氏已就任，我国向之质问，彼初委为不知，继不认潍县在交战区域以外，日军一面仍西进不已，我国虽两次抗议，皆置弗理。至十月二日，始有答复，谓山东铁路确属德国管理，可视为租借地之延长，称以在县西之铁路，弃诸敌国，有军事上之危险，且中国有援助敌国之事实，并反质中国何以不允撤退铁路守兵。三日驻军一进济南，挑衅之举，不一而足。我国一味隐忍，虽压迫纷来，皆忍不与较，其间山东境内茹痛至深，盖无日不受惊窜流离之苦，惨杀侵掠之祸也。十一月七日，青岛陷，吾国朝野以谓战局既收，幸无枝节，凡兹一隅所起之国际问题，一俟欧战构和之日，听列强处分，目前或无困难问题之更发。庸讵知青岛之战，乃不过如初揭全书之首页乎（日本政界要人尝有斯言）！盖项庄之剑，志在沛公，青岛之用兵，不在报德之前仇，非为履英之盟约，殆欲借端以树兵威于我大陆，作强暴要索之先声耳。方八、九月之交，日、德战端既启，日本朝野各团体争呈意见书于其外交当局，以定对我要索之条款。外相加藤氏参酌众见，制成原案。其时大阪各报，略泄其秘，揭有所谓日、华新协约者，传闻由日置氏携入北京，国人当能忆及，此即今回要索之幻影。当时拓殖新报内田良平干涉中国国体、要求聘用大宗顾问、普设日语学校之说，或亦即备其外交当局采择之一部。于是加藤氏于十一月二日，自山县始，历访其元老，并密召日置公使回国，托言母病，此轺车之去来，当有无限之风云从之以行。各方意见，既皆疏通融会，日本之决心，已泰半持定，乃作盘马弯弓乘机欲发之势，见有青岛关税问题，以为可乘之机，我国虽允其请，任大连税关长之花树氏为青岛税关长，彼又反以为辱其国体，真所谓欲加之罪，何患无辞也。十二月三日，加藤又历访元老，征其同意，要索条件，本可于是时提出，故欲牵税关问题，以为导线，惟其时以议会弹劾内阁之喧声甚高，一时搁置，税关问题，遂得含糊了结，无可借口。适本年一月七日，我国以青岛既陷，正式通告日、英、德三国，声明拟销交战区域，日本政府向我严行抗议，民间舆论主持尤为不逊，东京《日日新闻》等报，至大书特书，谓宜派问罪使于北京。十八日，日本提出之二十一条款，分为五项，约以秘密，勿使宣布，而其通告各国者则仅十一条，内容轻重，且迥相异。盖此次日本提起交涉，全出于强盗乘火劫掠之行径，对于中国纯用迫胁威吓之术，对于世界各国，则取欺瞒诈骗之方，国际上不信不义之交涉，莫过于是也。我国既遭此奇辱，乃委由外交部当交涉之冲，彼亦自知其曲，未遽更为无理，政府遂亟任陆征祥氏为外交总长，而交涉遂于二月二日正式开始矣。会议地点，在外交部迎宾馆，外交舞台中之人物，吾国则为外交总长陆征祥，次长曹汝霖，秘书施履本；日本则为公使日置益，一等书记官小幡酉吉，秘书高尾亨。会议之间，因日使堕马受伤，我国外交当局移就日使馆会议者数次。每次会议，日使态度，备极强硬，闻小幡氏尤为蛮暴，其飞扬跋扈之状，咄咄逼人。至三月二十二日，日本托言换防，益大派军队，前往南满、山东，政府以该国驻屯军，并未满期，径向日使质问，原有防军，何时撤回？日使答以必待交涉有圆满结束，方能撤退。日本之辱我国体，竟至此极。自开议至四月十七日，为期有三月之久，前后会议共二十八次，计其要索条款之中，至是中国已表示同意者十五款。关于山东者，如沿海一带岛屿之不割让，烟台或龙口接济南铁路借款之优先权,要地之开放商埠,均经承认。惟于山东将来之处分,提出附加条款,其大旨为:(一)日本政府声明中国政府承认前项利益时,日本应将胶、澳交还中国;(二)将来日、德会议时,应准中国参加;(三)中国因胶战所蒙之损失,应由日本赔偿。此外尚有对待要求一条,即速行回复山东原状。关于南满者,如旅大及南满、安奉两铁路,租借延期至九十九年,南满洲铁路借款,南满洲税课抵借外债及南满洲聘用顾问之优先权,南满洲开矿之特权,吉长铁路借款合同之改订,吉长铁路股本及完全管理权之让与,日人在南满有置产盖造商工业及农业应用地及内地杂居之权利,均一一承诺。惟关于管辖并保护享受末项权利之日本人,中国欲加修正条款。关于汉冶萍公司者,中国亦允该公司如愿与日本资本家合办,政府不加反对。关于全国沿海一带不割让,中国允自己宣言。关于福建者,亦允日后按照日本之意愿,另行声明。其他诸款,或有损于中国主权太甚,或背乎各国机会均等主义,如汉冶萍问题之第二款,合办中国警察(后经日使解释为仅指南满警察而言,并云:如中国聘用日人为南满警政顾问,日政府必能满意,中国遂勉允之),学校、医院、寺院用地及布教权,扬子江铁路权利,聘请有力之日本人为政治、财政、军事顾问及教习,购定数军械,与合办军械厂各要求,悉以无从商议拒之,并详细说明其理由。其余争执最多之事项,厥惟南满洲土地所有权及东蒙古问题。日本原案要求日人有在南满租地或购置地亩及居住、游历、贸易、制造权,中国以若是则不惟限制中国主权,且害及机会均等,遂于第一次修正案提出在南满洲添开商埠,且设立中日合办农垦公司,日本不允。嗣又提出第二次修正案,收回前案,允其杂居,惟声明商埠以外之日本人,须服从中国警章,完纳各项赋税,与邦人一律，并援引间岛交涉成案，既有杂居之权，断不容领事裁判权与之并行，但准日本领事到堂听审，日本仍不允。乃为第三次修正案，民刑讼案，分别处理，照土耳其之先例，日本犹不允。遂于第四次提案，完全照原案承诺，惟易土地所有权为租借权，耕作土地加以另订章程数字而已。东蒙古为日本杜撰之新名词，界域既不分明，且与日本无何关系，今遽与南满相提并论，政府于此，亦主退让，允于该处开辟若干商埠。据上所述，吾国政府退让已至于无可退让之地，乃日本益以为易与。停议十日后，竟于四月二十六日重提修正案。此新议案综计二十四款，声明中国如将此二十四款全部承认，日本政府拟将胶州湾一带之地，以适当之机会，附加条件，归还中国，是为日本最后之让步云云。中国对此新议案，于五月一日答复，又予以新让步，将此追加提出东部内蒙四款承认三款，对于日本人务农，中国曾提有另订章程一节，径即取消。对于日人间或日、华人间之讼案，允日本领事派员旁听，并徇其请，将警察法令章程，改为违警章程，以缩小中国行政权。对于汉冶萍问题，中国承认此新议案要求诸款，即中国政府声明该公司不归国有，又不准充公，不准使该公司借用日本国以外之外国资本。关于福建问题，亦允向日本声明中国政府并无允准何国在福建省沿岸，建设造船厂、军用蓄煤所、海军根据地及其他一切军务上设施并无拟借外债自行建设或施设上开各事。于该答复中，婉陈中国不能再行让步之苦衷，冀其迅表同意，日本终不以为满意，仍以严重手段相威吓，我国政府犹声称未经承认之条款，尚可再加考量，而日本雷厉风行之最后通牒，已于五月六日电寄北京矣。是日夜间，曹外交次长复往日使馆，称第五项中学校用地所有权或租借权，尚有磋商余地，其他扬子江铁路问题，第三国之关系如能解决，亦无不可云云。日使闻之大喜。盖其所谓最后通牒中之要求，犹未及此，遂电告日本政府，请示可否将通牒内容稍事更换，日本政府复电，谓已经御前会议，且已通告各国，碍难再改（此事二十二日日本众议院议员长岛隆二氏，曾以质问其外相加藤氏，加藤氏答以此系曹次长私人之见，非代表中国政府），此通牒遂于七日下午三时递到。通牒内容，与四月二十六日提出之新议案，大旨不相出入，惟将第五项作为悬案，限于五月九日下午六时答复。政府既受此牒，骇愕四顾，内无强兵，外无与国，惟有承认之一途，坦荡可行。爰于九日早一时，陆总长亲往日使馆，正式承认。二十五日下午，条约正文签字。日本于此次交涉，以区区一纸恫吓之书，居然索我巨量之权利于坛坫俎豆之间，所获不可谓不丰，宜其踌躇满志私心窃喜也。而顾吾国，既丧目前之权利，更萌异日之祸根。呜呼政府！呜呼国民！其永永世世勿忘此五月七日可耳！吾纪此痛心刺骨之中日新交涉巅末，取材多由于两国政府所发表之公文，更参集中外报章，补其未备。其外交黑幕之风云，以锢封于秘密之键，无从窥其奥蕴，即此已足为吾民未来二十年卧薪尝胆之资，幸勿依样葫芦，事过境迁，仍葬于太平歌舞沉沉酣梦之中也。弱国外交，断无不失败之理，吾人今欲论政府办理此次交涉之失败与否，惟问其失败之程度如何。然国家根本之实力，既脆弱不足以自支，吾人亦何敢侥幸于外交当局一时比较之胜利，且即望之，亦乌能得。斯则徒为枝枝节节之谈，以与政府论外交之得失，自相怨诟，不惟无补，且以纷扰国民之观感。吾人以为与之辩得失于事后，勿宁与之图挽救于方来。故对于政府，诚不愿加以厚责，但望政府之对于国民，亦勿庸其欺饰。盖时至今日，国亡家破，已迫眉睫，相谋救死之不遑，更何忍互为诿过，互相归咎，后此救亡之至计，端视政府与国民之协力。吾乃更就此次丧失权利之内容及其影响，本乎事实，试为推断，亦欲促政府之反省，奋国民之努力而已。

（甲）山东问题

山东自青岛陷后，日本已视为第二之满洲。惟欧洲战争未结以前，吾国关于山东问题，实无与日本交涉之必要。盖德国海外之海军根据地，不独吾国领土德国租借之青岛为日本所占领，如扶罗陵群岛萨摩，亦皆与青岛居同等之地位，将来媾和之际，当有适当之处分，吾国但保将来加入会议之权，以待其时之折冲可也。日本于交战伊始，即附以归还中国为目的之文句于其最后通牒之中，虽青岛既下，一般日本国际法学者争主张此文句已失其效，然即此愈见此项文句之来历，当于日、德战前之日、英交涉有一段历史，即愈见日本将来之不能弃国际宣言若敝屣。日本政府既自知其不能常此保有，乃取避名居实之计，以归还青岛为饵，给吾外交当局。不图我政府果中其计，与之交涉，约山东沿岸不割让何国，与以铁路借款优先权，并开放沂州、济宁、德州等要地十一所为商埠，从兹尼峰邹峄之乡[1]，泱泱表海之国，又为木屐儿安乐之天府，而山左之同胞苦矣。且当欧战未结之际，受日本之形式归还，将来德国必有责言，吾又何辞以对，吾又何恃以为抗？纵将山东权利全部还我，今日受之，犹且未可，况徇虚名而受实祸，甘为日本效傀儡之勤劳，政府苟不慎审及此，异日噬脐，嗟何及哉！

（乙）南满问题

此次交涉结果，关于南满洲者，几与割让领土权无异。盖旅大及

---

[1] 尼峰邹峄之乡：指山东省。

南满、安奉二路之租借期延长，自租借时起，为九十九年。吉长铁路之管理经营，亦归日本掌握，其他重要行政之顾问权，种种借款之优先权，九处矿山采掘权，内地杂居营业权，土地租借权，治外法权，均皆囊括无遗。日本朝野十年以来处心积虑求之而未能者，今于谈笑指顾间得之，其欣喜为何如者。然而白山黑水间之华裔死无葬身之地矣！

（丙）东蒙问题

东蒙界域，虽未知若何划定，据中国宣布之公文，当为奉天属之一部，与热河道辖之一部，此次交涉，许以合办事业，借款优先权，并开放商埠若干处，日本势力，骎骎乎入畿辅重地矣。

（丁）汉冶萍问题

今此强国之要素，厥惟煤铁。汉冶萍产煤铁甚丰，造兵造船，莫不资为宝库。日本欲垄断之，绝我国武器之渊源，使我永无恢复旧物之希望。以一时经营未善，遽借外资，结造今日之孽缘，回思往事，能勿痛心！呜呼！外债真亡国之媒也。

（戊）福建问题

日本既于汉冶萍公司得有垄断权，足断我国兵器之渊源，制我国军政之死命，犹虑海军或尚有一线之生机，亦求所以绝之。遂于福建省限制我国借外资建造海军港湾，兴办造船所，并惧许他国以海军根据地、煤炭贮蓄所，我国亦悉允之。甲午一败之后，海军残舰，已无可言，今并其未来之命运而亦斩之矣。

（己）第五项悬案问题

第五项之所以列为悬案者，乃由其要索条件为列强所侦知。美国以利害相关尤切，且与路特高平觉书，及去年日本攻青岛前之约束相背，美以未入战争之潮流，稀有东顾之暇，遂得向日本为严重之质问，英国亦以扬子江铁路问题相为尼阻，乃得置为悬案。日本于此，颇惧操之过激，招列强之反感，然其念固仍未断也。观其加藤外相答复某议员之质问，公然声明异日仍求解决。但其有解决之机会与否，纯以欧洲战争之形势为断。苟欧洲兵火，连年不休，则日本即举我中国存亡问题视为悬案以自由处分之，亦或无所忌惮。盖纵无所借口，势之所许，又何不可，况于约章明订为悬案者乎？惟望我朝野，励精图治，以预防此祸根之萌发，而与之为最后之一决也。

总之，此次日本要索之主的，对于吾国，则断绝根本兴复之生机，毁灭国家独立之体面，使我永无自存图强之实力。对于列国，则阴削其极东之势力，既得者使之减损，未得者预为防遏，得志则称霸东方，不得志则以我国为嫁祸之所。即如"中国沿海不割让何国"之宣言，日本所以迫我为此者，意果何居？使我国而有此实力者，即无宣言，他国岂能强索？苟无实力，纵宣言万遍，宁有丝毫效果，足遏列强之雄心？此殆日本诡谲之阴谋，以备万一欧洲战后，列强中有欲求偿于中国以抵制日本势力于东方者，彼且有辞以进而再事强索于我，以为瓜分中国时多获权利之地步耳。且日本此次于中国获得之权利，占世界各国之优势，欧洲战后，攘臂东来，必且忌妒之而暂求偿于中国喘余之微命，势必形成一亚东之新均势。此新均势之实质，将与瓜分之境相去不远。所以暂留一步者，西方各国方疲命于巴尔干战局之中，元气未复，不愿骤兴兵争于东大陆也。迨其国力稍见充实，终必出于一战，以解决中国问题，而为权利分配之裁判。然则日本今番之行动，吾人认为异日瓜分之戎首可也。吾于最后，欲为一言：政府果不愿为亡国之政府，则宜及早觉悟其复古之非，弃民之失，速与天下更始，定根本大计，回复真正民意机关，普及国民教育，实行征兵制度，生聚训练，以图复此深仇奇辱。国民而不愿为亡国之国民，亦宜痛自奋发，各于其本分之内，竭力振作其精神，发挥其本能，锻炼其体魄，平时贡其知能才艺于社会，以充足社会之实力，隐与吾仇竞争于和平之中；战时则各携其平时才智聪明素积之绩效，贡其精忠碧血于国家。吾辈学生，于国民中尤当负重大之责任，研究精神上之学术者，宜时出其优美之文学，高尚之思潮，助我国民精神界之发展；研究物质上之学术者，宜时摅其湛深之思考，施以精巧之应用，谋我国军事工艺器械之发达。诚以精神具万能之势力，苟克持之以诚毅，将有伟大之功能事业。基于良知一念之微明，则曹沫雪辱，勾践复仇，会有其时。堂堂黄帝之子孙，岂终见屈于小丑！前此四千余年，吾民族既于天演之中，宅优胜之位置，天道未改，种性犹存，胡竟昔荣而今枯，昔畅而今萎。或者盛衰剥复之几，此暂见之小波澜，正为多难兴邦，殷忧启圣之因缘，惟国民勿灰心、勿短气、勿轻狂躁进，困心衡虑，蕴蓄其智勇深沉刚毅果敢之精神，磨炼其坚忍不拔百折不挠之志气，前途正自辽远。光明缉熙之运，惟待吾民之意志造之，惟赖吾民之实力辟之。吾民惟一之大任，乃在迈往直前，以应方来之世变，成败利钝，非所逆计。吾信吾国命未必即此终斩，种性未必由此长沦也。愿我国民，善自为之！

署名：李大钊
《国耻纪念录》
1915年6月

新中华民族主义

余曩有言，吾族少年所当昭示其光华之理想、崇严之精神者，不在断断辩证白首中华之不死，而在汲汲孕育青春中华之再生；不在保持老大中华之苟延残喘，而在促进少年中华之投胎复活。盖今日世界之问题，非只国家之问题，乃民族之问题也。而今日民族之问题，尤非苟活残存之问题，乃更生再造之问题也。余于是揭新中华民族主义之赤帜，大声疾呼以号召于吾新中华民族少年之前。

十九世纪以还，欧洲大陆茁生于拿翁铁骑之下者，实为国民的精神。希腊以之脱土耳其之羁绊而独立矣，巴尔干诸邦以之纷纷向土揭叛帜矣，荷兰与比利时以之分离矣，其屡经挫压以致未达此志者，惟有波兰（波兰独立之声近又喧传于世界矣）与匈牙利耳。而发扬蹈厉以树国民的精神，亿辛万苦，卒能有成者，则德意志帝国之建立、意大利之统一，其最著矣。

国民的精神既已勃兴，而民族的运动遂继之以起。于是德国则倡大日尔曼主义（Pan Germanism）矣，俄罗斯、塞尔维则倡大斯拉夫主义（Pan Slavism）矣，英吉利则倡大盎格鲁撒克逊主义（Pan Anglo-Saxonism）矣，他如美之守孟禄主义，日本近来之倡大亚细亚主义，即在印度民族，迩来对于英国亦颇思扬独立之旗，举革命之烽火者，无非应此民族的运动之潮流而兴者也。顾日本所谓大亚细亚主义者，其旨领何在，吾不得知。但以吾中华之大，几于包举亚洲之全陆，而亚洲各国之民族，尤莫不与吾中华有血缘，其文明莫不以吾中华为鼻祖。今欲以大亚细亚主义收拾亚洲之民族，舍新中华之觉醒、新中华民族主义之勃兴，吾敢断其绝无成功。斯非吾人夜郎自大之说，以历史地理考之，此种断案乃逻辑上之必不可逃者也。

吾中华民族于亚东之地位既若兹其重要，则吾民族之所以保障其地位而为亚细亚之主人翁者，宜视为不可让与之权利，亦为不可旁贷之责任，斯则新民族的自觉尚矣。民族主义云者，乃同一之人种，如磁石之相引，不问国境、国籍之如何，而遥相呼应、互为联络之倾向也。或同一国内之各种民族有崩离之势，或殊异国中之同一民族有联系之情，如此次大战导火之奥大利，其境内之民族最为杂沓，老帝在位六十余年，未得一夕安者。职此之故，卒以一皇储为塞人所狙击，遂以召世界非常之风云焉。更如英国之爱兰独立问题，危急时在爱尔兰威士特之英人，皆欲执弹刃以与爱兰国民党相见于战场，而在美之爱兰人则为爱兰自治之运动，倾囊相助而不辞。最近美以德国封锁宣言而与德断绝国交已旬余日矣，犹未决然宣战者，其原因虽未明了，而以美国人口九千余万人中，有德系二千余万人，未始非其最大之隐忧也。吾国历史相沿最久，积亚洲由来之数多民族冶融而成此中华民族，畛域不分、血统全泯也久矣，此实吾民族高远博大之精神有以铸成之也。今犹有所遗憾者，共和建立之初，尚有五族之称耳。以余观之，五族之文化已渐趋于一致，而又隶于一自由平等共和国体之下，则前之满云、汉云、蒙云、回云、藏云，乃至苗云、瑶云，举为历史上残留之名辞，今已早无是界，凡籍隶于中华民国之人，皆为新中华民族矣。然则今后民国之政教典刑，当悉本此旨以建立民族之精神，统一民族之思想。此之主义，即新中华民族主义也。必新中华民族主义确能发扬于东亚，而后大亚细亚主义始能光耀于世界。否则，幻想而已矣，梦呓而已矣。嗟乎！民族兴亡，匹夫有责。欧风美雨，咄咄逼人，新中华民族之少年，盖雄飞跃进，以肩兹大任也。

署名：守常

《甲寅日刊》

1917年2月19日

东西文明根本之异点

东西文明有根本不同之点,即东洋文明主静,西洋文明主动是也。溯诸人类生活史,而求其原因,殆可谓为基于自然之影响。盖人类生活之演奏,实以欧罗细亚[1]为舞台。欧罗细亚者,欧亚两大陆之总称也。欧罗细亚大陆之中央,有一凸地曰"桌地"(Table land),此与东西文明之分派至有关系。因其地之山脉,不延于南北,而亘乎西东,足以障阻南北之交通。人类祖先之分布移动,乃以成二大系统:一为南道文明,一为北道文明。中国本部、日本、印度支那、马来半岛诸国、俾路麻[2]、印度、阿富汗尼斯坦[3]、俾尔齐斯坦[4]、波斯、土尔基[5]、埃及等,为南道文明之要路;蒙古、满洲、西伯利

---

[1] 欧罗细亚:指 Eurasia,今通译"欧亚"。
[2] 俾路麻:指 Burma,今通译缅甸。
[3] 阿富汗尼斯坦:今通译阿富汗。
[4] 俾尔齐斯坦:今通译巴基斯坦。
[5] 土尔基:今通译土耳其。

亚、俄罗斯、德意志、荷兰、比利时、丹麦、士坎迭拿威亚[1]、英吉利、法兰西、瑞西、西班牙、葡萄牙、意大利、奥士大利亚[2]、巴尔干半岛等，为北道文明之要路。南道文明者，东洋文明也；北道文明者，西洋文明也。南道得太阳之恩惠多，受自然之赐予厚，故其文明为与自然和解、与同类和解之文明。北道得太阳之恩惠少，受自然之赐予啬，故其文明为与自然奋斗与与同类奋斗之文明。一为自然的，一为人为的；一为安息的，一为战争的；一为消极的，一为积极的；一为依赖的，一为独立的；一为苟安的，一为突进的；一为因袭的，一为创造的；一为保守的，一为进步的；一为直觉的，一为理智的；一为空想的，一为体验的；一为艺术的，一为科学的；一为精神的，一为物质的；一为灵的，一为肉的；一为向天的，一为立地的；一为自然支配人间的，一为人间征服自然的。南道之民族，因自然之富，物产之丰，故其生计以农业为主，其民族为定住的；北道之民族，因自然之赐予甚乏，不能不转徙移动，故其生计以工商为主，其民族为移住的。惟其定住于一所也，故其家族繁衍；惟其移住各处也，故其家族简单。家族繁衍，故行家族主义；家族简单，故行个人主义。前者女子恒视男子为多，故有一夫多妻之风，而成贱女尊男之习；后者女子恒视男子为缺，故行一夫一妻之制，而严尊重女性之德。农业为主之民族，好培种植物；商业为主之民族，好畜养动物。故东人食物，以米蔬为主，以肉为辅；西人食物，以肉为主，以米蔬为辅；此饮食嗜好之不同也。东人衣则广幅

---

[1] 士坎迭拿威亚：今通译斯堪的那维亚。
[2] 奥士大利亚：Austria，今通译奥地利。

博袖，履则缎鞋木履；西人衣则短幅窄袖，履则革履。东方舟则帆船，车则骡车、人力车；西方舟则轮船，车则马车、足蹈车、火车、电车、摩托车。东人写字则用毛笔砚池，直行工楷于柔纸；西人写字则用铅笔或钢笔，横行草书于硬纸。东人讲卫生，则在斗室静坐；西人讲体育，则在旷野运动。东人之日常生活，以静为本位，以动为例外；西人之日常生活，以动为本位，以静为例外。试观东人西人同时在驿候车，东人必觅坐静息，西人必来往梭行。此又起居什器之不同也。更以观于思想：东人持厌世主义（Pessimism），以为无论何物皆无竞争之价值，个性之生存，不甚重要；西人持乐天主义（Optimism），凡事皆依此精神，以求益为向上进化发展，确认人道能有进步，不问其究极目的为何，但信前事，惟前进奋斗为首务。东人既以个性之生存为不甚重要，则事事一听之天命，是谓定命主义（Fatalism）；西人既信人道能有进步，则可事事一本自力以为创造，是谓创化主义（Creative Progressionism）。东人之哲学，为求凉哲学；西人之哲学，为求温哲学。求凉者必静，求温者必动。东方之圣人，是由生活中逃出，是由人间以向实在，而欲化人间为实在者也；西方之圣人，是向生活里杀来，是由实在以向人间，而欲化实在为人间者也。更以观于宗教：东方之宗教，是解脱之宗教；西方之宗教，是生活之宗教。东方教主告戒众生以由生活解脱之事实，其教义以清净寂灭为人生之究竟，寺院中之偶像，龛前之柳，池中之水，沉沉无声，皆足为寂灭之象征；西方教主于生活中寻出活泼泼地之生命，自位于众生之中央，示人以发见新生命、创造新生命之理，其教义以永生在天、灵魂不灭为人生之究竟，教堂中之福音与祈祷，皆足以助人生之奋斗。更以观于伦理：东方亲子间之爱厚，西方亲子间之爱薄；东人以牺牲自己为人生之本务，西人以满足自己为人生之本务；故东方之道德，在个性灭却之维持，西方之道德在个性解放之运动。更以观于政治：东方想望英雄，其结果为专制政治，有世袭之天子，有忠顺之百姓，政治现象毫无生机，几于死体，依一人之意思，遏制众人之愿望，使之顺从；西方依重国民，其结果为民主政治，有数年更迭之元首、之代议士[1]，有随民意以为进退之内阁，政治现象刻刻流转，刻刻运行，随各个人之意向与要求，聚集各个势力以为发展。东人求治，在使政象静止，维持现状，形成一种死秩序，稍呈活动之观，则诋之以捣乱；西人求治，在使政象活泼，打破现状，演成一种活秩序，稍有沉滞之机，则摧之以革命。东方制定宪法，多取刚性，赋以偶像之权威，期于一成不变，致日新之真理，无缘以入于法；西方制定宪法，多取柔性，畀以调和之余地，期于与时俱化，俾已定之法度，随时可合于理。此东西文明差异之大较也。

东西民族因文明之不同，往往挟种族之僻见，以自高而卑人。近世政家学者，颇引为莫大之遗憾。平情论之，东西文明，互有长短，不宜妄为轩轾于其间。就东洋文明而论，其所短约有数端：（一）厌世的人生观，不适于宇宙进化之理法；（二）惰性太重；（三）不尊重个性之权威与势力；（四）阶级的精神，视个人仅为一较大单位中不完全之部分，部分之生存价值全为单位所吞没；（五）对于妇人之轻侮；（六）同情心之缺乏；（七）神权之偏重；（八）专制主义之盛行。而其所长，则在使彼西人依是得有深透之

---

[1] 代议士：近代西方代议制体制下的议会议员。

观察，以窥见生活之神秘的原子，益觉沉静与安泰。因而起一反省，自问日在物质的机械的生活之中，纷忙竞争，创作发明，孜孜不倦，延人生于无限争夺之域，从而不暇思及人类灵魂之最深问题者，究竟为何？

东西文明之互争雄长，历史上之遗迹，已数见不鲜。将来二种文明，果常在冲突轧轹之中，抑有融会调和之日，或一种文明竟为其他所征服，此皆未决之问题。以余言之，宇宙大化之进行，全赖有二种之世界观，鼓驭而前，即静的与动的、保守与进步是也。东洋文明与西洋文明，实为世界进步之二大机轴，正如车之两轮、鸟之双翼，缺一不可。而此二大精神之自身，又必须时时调和、时时融会，以创造新生命，而演进于无疆。由今言之，东洋文明既衰颓于静止之中，而西洋文明又疲命于物质之下，为救世界之危机，非有第三新文明之崛起，不足以渡此危崖。俄罗斯之文明，诚足以当媒介东西之任，而东西文明真正之调和，则终非二种文明本身之觉醒，万不为功。所谓本身之觉醒者，即在东洋文明，宜竭力打破其静的世界观，以容纳西洋之动的世界观；在西洋文明，宜斟酌抑止其物质的生活，以容纳东洋之精神的生活而已。

印度开放而后，西洋思想已渐蒙东洋之影响，如叔本华（Schobenhauer）之厌世哲学，尼采（Nitzsche）之天才个性主义，皆几分染东洋思想之颜色。惟印度之交通不便，西人居印者少，而印人之视英人，只认为娴于政治艺术之巧练蛮人，以为论及修养，彼辈尚属幼稚，彼辈所汲汲以求者，东方人决之于心中也久矣。故东西文明之间，在印度不生密切之接触。逮于海通，西人航海来华者日众，东西思想之接触始渐密切，良以吾国气候之温和，海路之利捷，远非印度可比也。由是言之，对于东西文明之调和，吾人实负有至重之责任，当虚怀若谷以迎受彼动的文明，使之变形易质于静的文明之中，而别创一生面。一九一六年九月八日，美德加父教授（Professor Maynard W.Metcalf）曾在奥伯林（Oberlin）为中国留美学生会演说《科学与现代文明》，论及中国之将来，有曰，设有一民族于世界最终之民族中，能占一大部者，其惟中国人乎？其数量之众，忍苦之强，衍殖之繁，爱重平和之切，人格品性之坚，智力之优，与夫应其最高道德观念之能力，皆足以证其民族至少亦为最终民族中之要素。但彼等究与启发未来最终民族生息于其下之文明型式，以若何之影响乎？中国其将于智于德有所贡献于世界，亦如其于数量乎？此殆全视彼善导其发育于今方环接之新境遇下之成功何如耳！中国于人类进步，已尝有伟大之贡献。其古代文明，扩延及于高丽，乃至日本，影响于人类者甚大。今犹能卷土重来，以为第二次之大贡献于世界之进步乎？世间固尚未有一国民能于世界之进步为第二次伟大之贡献者，埃及、阿西利亚[1]、佛尼西亚[2]、希腊、罗马、亚拉比亚[3]、波斯，皆曾达于极盛之域，而遂衰亡不复振。独意大利之文艺复兴，为显著之例外，然亦非旧罗马之复活。逮其纯为新民族之日，固不知有几多异族之血，混入古意大利人之族系也。犹忆三十年前，加潘特（Edward Carpenter）曾为文以论《文明之起原及其救济》，甚有趣味。文中指陈曾经极盛时代民族中，文明疾病之径路，谓此等文明之疾病，大抵皆有其相同之预兆时期，浸假而

---

[1] 阿西利亚：指 Assyria，又译亚西里亚，西亚古代文明古国。

[2] 佛尼西亚：指 Phenicia，今通译腓尼基，古代文明古国。

[3] 亚拉比亚：指 Arabia，今通译阿拉伯。

达于炎热最高之度，浸假而贻其民族以永世削弱之运焉。世界史中，尚未见有回春复活之民族，重为世界之强国也。

中国文明之疾病，已达炎热最高之度，中国民族之运命，已臻奄奄垂死之期，此实无庸讳言。中国民族今后之问题，实为复活与否之问题，亦为吾人所肯认。顾吾人深信吾民族可以复活，可以于世界文明为第二次之大贡献。然知吾人苟欲有所努力以达此志的者，其事非他，即在竭力以受西洋文明之特长，以济吾静止文明之穷，而立东西文明调和之基础。

今日立于东洋文明之地位观之，吾人之静的文明，精神的生活，已处于屈败之势。彼西洋之动的文明，物质的生活，虽就其自身之重累而言，不无趋于自杀之倾向，而以临于吾侪，则实居优越之域。吾侪日常生活中之一举一动，几莫能逃其范围，而实际上亦深感其需要，愿享其利便。例如火车、轮船之不能不乘，电灯、电话之不能不用，个性自由之不能不要求，代议政治之不能不采行。凡此种种，要足以证吾人生活之领域，确为动的文明物质的生活之潮流所延注，其势滔滔，殆不可遏。而一察其现象，则又扞格矛盾之观，到眼都是。最近所发生之社会现象，如飞虹、普济、江宽等轮之冲沉也，某处火车之遇险也，某处电灯之失慎也，此类事实，若一一叩其原因，固各不一致，而且甚复杂。就生活现象，以为大量之批评，则皆足引为吾人不适于动的文明物质的生活之证据。其他大至政制，微至衣履，西人用之则精神焕发，利便甚溥，而一入于吾人之手，著于吾人之身，则怪象百出，局促弗安，总呈不相配称之观。盖尝推原其故，以为以静的精神，享用动的物质、制度、器械等等，此种现象必不能免。苟不将静止的精神根本扫荡，或将物质的生活一切屏绝，长此沉延，在此矛盾现象中以为生活，其结果必蹈于自杀。盖以半死带活之人，驾飞行艇，使发昏带醉之徒，御摩托车，人固死于艇车之下，艇车亦毁于其人之手。以英雄政治、贤人政治之理想，施行民主政治；以肃静无哗、唯诺一致之心理，希望代议政治；以万世一系、一成不变之观念，运用自由宪法，其国之政治，固以杌陧不宁，此种政制之妙用，亦必毁于若而国中。总之，守静的态度，持静的观念，以临动的生活，必至人身与器物，国家与制度，都归粉碎。世间最可恐怖之事，莫过于斯矣。

余既言之，物质的生活，今日万不能屏绝勿用。则吾人之所以除此矛盾者，亦惟以彻底之觉悟，将从来之静止的观念、怠惰的态度，根本扫荡，期与彼西洋之动的世界观相接近，与物质的生活相适应。然在动的生活中，欲改易一新观念，创造一新生活，其事较易；在静的生活中，欲根本改变其世界观，使适于动的生活，其事乃至难，从而所需之努力亦至大，吾人不可不以强毅之气力赴之。

奇普陵（Kipling）之诗曰：

"Oh, East is East and West is West,

And never the Twain shall meet,

Till Earth and Sky stand presently

At God's great judgment Seat;

But there is neither East nor West,

Border. nor Breed nor Birth,

When two strong men stand face to face,

Tho' they come from the ends of the Earth."

译其大旨，即谓除非天与地，立于上帝最高裁判之席前，东终是东,西终是西,绝无相遇之期。但有二伟人焉,虽来自地球之两极,相对而立,则无东西畛域之见,种族血系之分也。吾青年乎,其各以 two strong men 中之一人自命,竭力铲除种族根性之偏执,启发科学的精神以索真理,奋其勇气以从事于动性之技艺与产业。此种技艺与产业,足致吾人之日常生活与实验之科学相接近。如斯行之不息,科学之演试必能日臻于纯熟,科学之精神必能沦浃于灵智。此种精神,即动的精神,即进步的精神。一切事物,无论其于遗袭之习惯若何神圣,不惮加以验察而寻其真,彼能自示其优良者,即直取之以施于用。时时创造,时时扩张,以期尽吾民族对于改造世界文明之第二次贡献。

本篇所用参考书报

(一)茅原华山[1] 著:《人间生活史》。

(二)Reinsch[2] 著:World Politics,chapter III。

(三)Jenks 著:Principles of Politics,page 32。

(四)The Scientific Monthly,Vol.4,no.5.中所载 Professor Maynard M.Metcalf 著:Science and Modern Civilization。

(五)《新青年》第一卷第四号独秀著《东西民族根本思想之差异》。

*　　　　*　　　　*

愚文既已付印,偶于《东方》第十五卷第六号,见有《中西文

---

[1] 茅原华山(1870—1952):日本评论家。

[2] Reinsch:全名为 Reinsch Samuel(1869—1923),即芮恩施,美国外交官。

明之评判》一文,译自日本《东亚之光》。其首段曰:"有中国人胡某[1]者,于开战前后在德国刊行德文之著作二种:一名《中国对于欧洲思想之辩护》,为开战前所刊;一名《中国国民之精神与战争之血路》,为开战后所刊者。"

欧美人对于东洋民族多以为劣等国民,偶或见其长处则直惊以为黄祸,其真倾耳于东洋人之言论者极少。有时对于东洋人之言论呈赞词者,多出于一时之好奇心,或属于外交辞令而已。

然此次战争,使欧洲文明之权威大生疑念。欧人自己亦对于其文明之真价不得不加以反省,因而对于他人之批评虚心坦怀以倾听之者亦较多。胡某之著作,在平时未必有人过问,而此时却引起相当之反响,为赞否种种议论之的。……次乃介绍德人对于辜氏著作之意见,赞成之者则有台里乌司氏及普鲁克陀尔福女士,反对之者则有弗兰士氏。其中所论颇足供愚文之参证,为幅帙所限,未能移录,读者可取《东方》阅之。往者愚在日京,曾于秋桐先生《说宪》文中,知辜鸿铭氏有《春秋大义》之作,嗣以激于一种好奇之心理,尝取辜氏之书略为披阅,虽读之未暇终篇,但就其卷头之纲目导言之大旨观之,已足窥其概要。彼谓"西洋之教人为善,不畏之以上帝,则畏之以法律。离斯二者,虽兄弟比邻不能安处也。逮夫僧侣日多,食之者众,民不堪其重负。遂因三十年之战,倾覆僧侣之势力,而以法律代上帝之权威。于是继僧侣而兴者,则为军警焉。军警之坐食累民,其害且过于僧侣,结果又以酿成今日之战。经此大

---

[1] 胡某:辜鸿铭(1857—1928),学者、翻译家。满清时代精通西洋科学、语言兼东方华学的中国第一人。

战之后，欧人必谋所以弃此军警，亦如昔之屏弃僧侣者然。顾屏弃军警之后，其所赖以维持人间之平和秩序者，将复迎前曾屏弃之僧侣乎？抑将更事他求乎？为欧人计，惟有欢迎吾中国人之精神，惟有欢迎孔子之道。"是篇所举胡氏之说与辜氏之说，若合符节。胡氏疑即辜氏之误，辜字译音颇与胡近。其书既以英文出版于北京，复以德文出版于柏林，日人展转移译，致讹为胡，国人不察，亦以胡某受之。愚以为中国二千五百余年文化所锺，出一辜鸿铭先生，已足以扬眉吐气于二十世纪之世界。一之为奇，宁复有偶？必为辜氏之讹无疑。

愚读欧人对于辜说之评判，不禁起数种感想：第一，国人对于现代西洋最有价值之学说，恒扞格不相入，诋排之惟恐不及，而我以最无价值之梦话，一入彼欧人之耳，彼皆以诚恳之意迎之。或则以促其自反，或则以坚其自信，虽见仁见智各不相同，要皆能虚心坦怀资为他山之助，以视胶执己见、夜郎自大之吾人，度量相越之远，有非可以道里计者。故吾人对于欧人之注意辜说，惟当引以自愧，切不可视为"惊动欧人之名论"以自荣。第二，西洋文明之是否偏于物质主义，宜否取东洋之理想主义以相调剂？此属别一问题。时至今日，吾人所当努力者，惟在如何以吸收西洋文明之长，以济吾东洋文明之穷。断不许以义和团的思想，欲以吾陈死寂灭之气象腐化世界（例如以不洁之癖为中国人重精神不重物质之证，则吸食鸦片之癖，亦何不可数为相同之例？是非欲腐化世界而何）。断不许舍己芸人，但指摘西洋物质文明之疲穷，不自反东洋精神文明之颓废。第三，希望吾青年学者，出全力以研究西洋之文明，以迎受西洋之学说。同时，将吾东洋文明之较与近世精神接近者介绍之于欧人，期与东西文明之调和有所裨助，以尽对于世界文明二次之贡献，勿令欧人认此陈腐固陋之谈为中国人之代表。第四，台里乌司氏谓："人虽有采用新税制、新制服者，而无轻易采用新世界观者"，斯言诚不尽妄。但愚以为于吾东方静的世界观，若不加以最大之努力，使之与动的世界观接近，则其采用种种动的新制度、新服器，必至怪象百出，不见其利，只见其害。然此非可轻易能奏功效者，亦属事实。当于日常生活中习练薰陶之，始能渐渍濡染，易静的生活为动的生活。取法乎上仅得乎中，吾人即于日常生活中常悬一动的精神为准则，其结果犹不能完全变易其执性之静止，倘复偏执而保守之，则活动之气质将永不见于吾人之身心，久且必归于腐亡。

*　　　　*　　　　*

愚顷又见早稻田大学教授北昤吉[1]氏曾作《论东西文化之融合》一文（载于《东方时论》第三卷第六号），中多透辟之语。兹节译数段，供参证焉。

"……西洋之文化，为求精神之自由，先倾其全力以利用自然，征服自然。欧人对于自然，不能漠不关心。纯取观望之态度，不能融合其自我于自然之中，以与自然共相游乐。其视自然为自我发展之凭基，非自我产生之嫡母。自然者，可以克服之障碍也。菲西的[2]谓对象即抵抗，实足为欧人自然观之纲领。彼等所以不即其本然之体以观察自然，而必分析之以求发见其

---

[1] 北昤吉："北昤吉"（1885—1961），日本思想家、评论家、政治家。

[2] 菲西的：Johann Gottlieb Fichte（1762—1814），今通译费希特，德国古典哲学的重要代表人物。

构成之之要素与轨范要素结合之法则者，乃欲如斯以为人类再建自然。其科学的文明，皆因其要求主张自我克服自然而产出。倍根尝谓为'知识之力'。盖欧人之科学，即使彼等制御自然之力也。

"然东洋诸民族，关于此点，其努力则与欧美人异。同是东洋民族，其间固亦有相异之点。而自大体言之，则凡东洋诸民族，皆有一共同与西洋民族不同之所，即其不欲制御自然，征服自然，而欲与自然融合，与自然游乐是也。彼等不言人则与天则对立，宁依天则以演绎人则。东洋人一般之宿命观，以从天命为道德之能事，足为彼等如何视自然为强权之实证。东洋人与其欲制御自然以获精神之自由，宁欲使精神之要求服从自然，于此觅一安心之境地。故彼等对于自然，不加解剖，不加分析，但即其本然之体观察之而已。

"东西文化之差别，可云一为积极的，一为消极的。此殆基于二者使现实生活彻底之意力之强弱。欧美人使现实生活彻底之欲望盛，故向利用或征服于其生活必要之自然之途以进。东洋人之于现实生活，不视为绝对，故使之彻底之努力缺乏。东西对于自然之差异，无论其基于何种理由，究于二者之间，生出思想与生活种种之不同。西洋人在与自然奋战之间，养成一种猛烈之生活意志。初哉首基，即利用此种生活意志，以使其他劣弱诸民族为之属隶，更为此目的利用其独占之科学知识。东洋人常以求得最大之满足于其被与之境遇为能事，故于本民族中认不法阶级之存在，即认异族为政治统治者，亦甘受之而帖服。西洋人在与自然奋战中所养成之自我观念，与人间中心之思想，构成一种价值哲学，设便于自己之标准，评量一切价值，不仅于现世以自己为中心，即于来世亦主张个性价值之保存。

"希腊人受地理之影响，本为极端个人主义之信者。以智慧、勇气、正义、节制为四德，而慈悲仁爱在东洋思想认为一切道德之首者，则反屏之于道德范畴之外。今日之西洋人，合此希腊人之个人主义与希腊教灵魂不灭之教义，而成个性价值保存之哲学，从而西洋人缺真实大我之哲学。顾在东洋，儒教则求修养最终之标的于天，佛教则求之于涅槃，以成大我无我之哲学。宁以打破个人主义与人间本位之价值哲学，始足认为备哲人之风格。老庄荆楚之学，于此点最为彻底。……

"自然之制服，境遇之改造，为西洋人努力所向之方向；与自然融合，对于所与境遇之满足，为东洋人优游之境地。此二者皆为人间文化意志所向之标的，吾人于斯二者均不可蔑视。若徒埋头于自然之制服，境遇之改造，而忘却吾人对于内的生活之反省，则吾人之生活必归于空虚。故今世大哲，若柏格森，则谓今日普鲁士人之生活，几全埋头于生产之事，于军事与产业方占胜利之际，诗与哲学，益趋退化，以为警告矣。若倭铿，则以内的文明与外的文明、诗与产业之两立为理想，昌言今日人本主义的文明，一面征服自然，一面有使自己灵性归于空虚之恐矣。……

"彼欧美人今既于征服自然之中渐丧其自己之灵性，而东洋人则何如者？彼等既不求若何以征服自然、利用自然，故其与自然融合一致之精神，不过仅为少数人所能知，自余之大多数，殆为自然所征服。东洋圣哲,自觉'破于此处成于彼处'之大自在,故现实生活之成败,多不足以恼其心神。其大多数对于人生真义毫不理解,为自然所征服,又为利用自然者所驱使,以度最悲惨之生活。故于产生老庄解脱哲学之支那,造成多数如豚之苦力。于产生释尊宗教之印度,其生民不苦于疾疫,则厄于饥馑,今且被佣为兵,在西部战场为英国人效死。然则无征服自然之能力,甘居于被与之境遇之东洋民族,将有莫大之危险从其生活以俱至。此为吾人所不可不记取者。

"于是乃生欧罗巴的文化与亚细亚的文化之补救乃至融合之必要矣。吾人为自己精神的自由,一面努力于境遇之制服与改造,一面亦须注意于境遇之制服与改造不可无一定之限制,而努力于自己精神之修养。单向前者以为努力,则人类将成为一劳动机械;仅以后者为能事,则亦不能自立于生存竞争之场中,必兼斯二者,真正人间的生活始放其光辉。而欲为此,非能将一切反对之要素摄取而统一之民族不可。世间固有之文化,大抵因其民族之特质与其被置之境遇,多少皆有所偏局。必有民族焉,必于是等文化不认其中之一为绝对,悉摄容之而与以一定之位置与关系,始有产出将来新文化之资格。若而民族,于欧则有德意志,于亚则有日本。德人之天才,不在能别创新文化之要素,而在能综合从来之一切文化的要素,日本人之天才,亦正在此处。……梅烈鸠阔佛士基论欧罗巴的精神与亚细亚的精神曰:'渐向下沉之西方之光,地之真人之真也;渐向高升之东方之光,天之真神之真也。西方之光,非必较东方之光为小,惟此二种之光、二种之真相结合,始与真昼之光、始与神人之光。'"

今且引述其言以终吾文矣。

按：此篇所论，颇多特见。而其主张东西文明之须相调剂，亦与愚论无违。惟其谓具调和东西文明之资格者，于欧则有德国，于亚则有日本，此则全为日人"我田引水"之谈，与其崇拜德国文明过度之过。固执文明特质之民族，固不易与反对之文明言调和，而能综合异派文明兼容并收之民族，固于异派文明之调和易与介绍疏通之助，愚亦非敢概为否认。但愚确信东西文明调和之大业，必至二种文明本身各有彻底之觉悟，而以异派之所长补本身之所短，世界新文明始有焕扬光采发育完成之一日。即介绍疏通之责，亦断断非一二专事模仿之民族所能尽。愚惟希望为亚洲文化中心之吾民族，对于此等世界的责任，有所觉悟、有所努力而已。

署名：李大钊

《言治》季刊第 3 册

1918 年 7 月 1 日

庶民的胜利

我们这几天庆祝战胜,实在是热闹的很。可是战胜的,究竟是那一个?我们庆祝,究竟是为那个庆祝?我老老实实讲一句话,这回战胜的,不是联合国的武力,是世界人类的新精神。不是那一国的军阀或资本家的政府,是全世界的庶民。我们庆祝,不是为那一国或那一国的一部分人庆祝,是为全世界的庶民庆祝。不是为打败德国人庆祝,是为打败世界的军国主义庆祝。

这回大战,有两个结果:一个是政治的,一个是社会的。

政治的结果,是"大……主义"失败,民主主义战胜。我们记得这回战争的起因,全在"大……主义"的冲突。当时我们所听见的,有什么"大日尔曼主义"咧,"大斯拉夫主义"咧,"大塞尔维主义"咧,"大……主义"咧。我们东方,也有"大亚细亚主义"、"大日本主义"等等名词出现。我们中国也有"大北方主义""大西南主义"等等名词出现。"大北方主义"、"大西南主义"的范围以内,又都有"大……主义"等等名词出现。这样推演下去,人之欲大，谁不如我？于是两大的中间有了冲突，于是一大与众小的中间有了冲突，所以境内境外战争迭起，连年不休。

"大……主义"就是专制的隐语，就是仗着自己的强力蹂躏他人欺压他人的主义。有了这种主义，人类社会就不安宁了。大家为抵抗这种强暴势力的横行，乃靠着互助的精神，提倡一种平等自由的道理。这等道理，表现在政治上，叫作民主主义，恰恰与"大……主义"相反。欧洲的战争，是"大……主义"与民主主义的战争。我们国内的战争，也是"大……主义"与民主主义的战争。结果都是民主主义战胜，"大……主义"失败。民主主义战胜，就是庶民的胜利。

社会的结果，是资本主义失败，劳工主义战胜。原来这回战争的真因，乃在资本主义的发展。国家的界限以内，不能涵容他的生产力，所以资本家的政府想靠着大战，把国家界限打破，拿自己的国家作中心，建一世界的大帝国，成一个经济组织，为自己国内资本家一阶级谋利益。俄、德等国的劳工社会，首先看破他们的野心，不惜在大战的时候，起了社会革命，防遏这资本家政府的战争。联合国的劳工社会，也都要求平和，渐有和他们的异国的同胞取同一行动的趋势。这亘古未有的大战，就是这样告终。这新纪元的世界改造，就是这样开始。资本主义就是这样失败，劳工主义就是这样战胜。世间资本家占最少数，从事劳工的人占最多数。因为资本家的资产，不是靠着家族制度的继袭，就是靠着资本主义经济组织的垄断，才能据有。这劳工的能力，是人人都有的，劳工的事情，是人人都可以作的，所以劳工主义的战胜，也是庶民的胜利。

民主主义、劳工主义既然占了胜利，今后世界的人人都成了庶民，也就都成了工人。我们对于这等世界的新潮流，应该有几个觉悟：

第一，须知一个新命的诞生，必经一番苦痛，必冒许多危险。有了母亲诞孕的劳苦痛楚，才能有儿子的生命。这新纪元的创造，也是一样的艰难。这等艰难，是进化途中所必须经过的，不要恐怕，不要逃避的。第二，须知这种潮流，是只能迎，不可拒的。我们应该准备怎么能适应这个潮流，不可抵抗这个潮流。人类的历史，是共同心理表现的记录。一个人心的变动，是全世界人心变动的征几。一个事件的发生，是世界风云发生的先兆。一七八九年的法国革命，是十九世纪中各国革命的先声。一九一七年的俄国革命，是二十世纪中世界革命的先声。第三，须知此次平和会议中，断不许持"大……主义"的阴谋政治家在那里发言，断不许有带"大……主义"臭味，或伏"大……主义"根蒂的条件成立。即或有之，那种人的提议和那种条件，断归无效。这场会议，恐怕必须有主张公道破除国界的人士占列席的多数，才开得成。第四，须知今后的世界，变成劳工的世界，我们应该用此潮流为使一切人人变成工人的机会，不该用此潮流为使一切人人变成强盗的机会。凡是不作工吃干饭的人，都是强盗。强盗和强盗夺不正的资产，也是一种的强盗，没有什么差异。我们中国人贪惰性成，不是强盗，便是乞丐，总是希图自己不作工，抢人家的饭吃，讨人家的饭吃。到了世界成一大工厂，有工大家作，有饭大家吃的时候，如何能有我们这样贪惰的民族立足之地呢？照此说来，我们要想在世界上当一个庶民，应该在世界上当一个工人。诸位呀！快去作工呵！

署名：李大钊

《新青年》第 5 卷第 5 号

1919 年 1 月

战后之世界潮流
——有血的社会革命与无血的社会革命

在这回世界大战的烈焰中间，突然由俄国冲出了一派滚滚的潮流，把战焰的势子挫了一下。细查这派潮流的发源，并不在俄国，乃是在德国。果然，不久在他的渊源所在也澎澎湃湃的涌现出来。这烈火一般的世界战祸，可就从此消灭了！这是什么？这是什么？这就是社会革命的潮流！

这回德国的失败，不是败于外部的强敌，乃是败于内部的国民。这回民主主义的胜利，不是从前英、美式民主主义的胜利，乃是新发生的德、俄式社会民主主义的胜利。若是单讲武力，德国纵然稍稍退却，决不至一败涂地若此。这都是经济学者、军事家所证明的。

这种社会革命的潮流，虽然发轫于德、俄，蔓延于中欧，将来必至弥漫于世界。德国革命未发以前，就有一位哈利孙（Harrison）氏，曾在《隔周评论》上说过："一七八九年的革命，引起了恐怖，引起了过激革命党的骚动，但见有鲜血在那扫荡世界的革命潮中发泡，一种新世界就在那里边造成。Bolshevism 的下边，也潜藏着一个极大的社会进化，与一七八九年的革命同是一样，意大利、法兰西、葡萄牙、爱尔兰、不列颠都怵然于革命变动的暗中激奋。这种革命的暗潮，将与一种灾殃于兰巴地和威尼斯，法兰西也难幸免，过一危机，又一危机。爱尔兰的独立运动，涌出了很多的国事犯。就是英国的社会党，也只想和他们的斯堪的那威亚、日尔曼、俄罗斯的同胞握手。"日本有一位陆军中将佐藤钢次郎，是一个宣传军国主义的人，人称他为日本的伯伦哈的，他最近也有一篇《皇室中心的社会主义》的论文在《日本评论》上发表。其中有一段说："这回德国的革命，是过激派的势力在德国愈益扩张的结果。德国在俄国扩张过激派的势力，也曾尽过很大的力量。这回他的本国，也陷于同一的运命了。这过激派的势力，今后益将弥漫于世界。意大利非常危险，因为他的国民性很容易感染这种思想。我想英国也是不大稳当，从雷德乔治的演说可以看出他们严加警戒的口气来。美国虽然原来是个民主国，由过激派的立场看起来，也有令人可以想得到他有惹起什么社会的大变革的理由。因为美国有叫做黄金阀的一阶级，非常跋扈，近来渐有失却 Democracy 实质的样子。实在讲起来，最近的美国和把最大幸福给多数国民 Democracy 的本旨一点儿也不相合。多数国民苦于金权的压迫，想把他打破，过激派是最所必要的。那么，过激派的思想，也怕自然要弥漫于美国。"这些话，都可以证明今日的世界，大有 Bolsheviki 化的趋势。就是我们近邻的日本，也难保没有这种的危机。彼邦评论家茅原华山氏，最近也在《日本评论》上说过："世界的平和来，日本的不平和来，经济上、政治上的台风，都要一涌而至。若问给日本国民生活怎么样的影响变化，不能不把劳工阶级与中流阶级分开想一想。劳工阶级将出许多失业的人，无论何人都已首肯，到处失业的人，已经层见迭出了。这些失业的人，并不求何职业，求也是没有，也不定规。政府仿佛也不作像英、美、法、意诸国关于怎么使那些还乡的军人就职的研究，倒有一种乐观的样子。若问这些失业的人，不求职求什么呢？简直的说，他们正在想怎么暴动，正在感染上一种 Bolshevism 了。将来骚动、暴动、烧打的事情，我们预知是不能免的。或者比'米暴动'不同，有更深刻的举动，也难计算。'米暴动'从一种意思讲起来，也可以说是有了成功，在一般的民心上造了一种印象，仿佛一有暴动，米和金钱就可从天降下似的。失业的人一旦穷了，就要拿从前成过功的东西再来求一回成功，也是自然的势子。若想得一个大成功，必须起一回更大的暴动，这种感想，也难保不发生。"他又说："俄、德的革命，决不限于二国。英、法、意及其他欧洲诸国，固然也不能免，或者也不刚是欧洲与亚洲大陆的事情，这易受暗示习于模仿的日本，突然起了这种变动，也未可知。我所以说日本有土崩瓦解之势，就是这个原故。"

现在社会革命的潮流，已经遍布于中央欧罗巴一带，由乌拉山[1]至亚尔布士山[2]，其间的城市，大半成了社会主义的根据。虽然有些反过激军崛起，但是反过激军不必定是反社会主义军，就像捷克斯拉瓦克[3]军，他们虽然反对过激派，其中却有什之四是社会党员呢。现在不过开始活动，将来的结果难以预测。但是这种革命，决不止

---

[1] 乌拉山：今通译乌拉尔山脉。通常认为该山是亚、欧两洲的分界线。

[2] 亚尔布士山：今通译阿尔卑斯山，欧洲最大的山脉。

[3] 捷克斯拉瓦克：今通译捷克斯洛伐克。

于中欧一隅，可以断言，久而久之，必将袭入西欧，或者渡过大西洋到美国去观观光，或者渡过印度海、中国海访问访问日本。我们中国也许从西北的陆地，东南的海岸，望见他的颜色。

我从前侨居日本的时候，正逢着樱岛爆发那一线的喷火。虽然出自小小的一个樱岛，日本全境火山几乎都有山鸣谷应的样子，飞出来的灰几乎落遍了三岛。今日社会革命的潮流，也同那火山爆发一样。中欧好比作樱岛，世界上都与这种潮流有脉络相通的关系，仿佛各火山系与喷火的地方遥相呼应的样子，就是没有火山的地方，也要沾染点灰焰。

世界上有了这样大的变动，那有宪政经验的国家，没有不早作准备的。可是他们的准备，不是准备逆着这个潮流去抵抗他，乃是准备顺着这个潮流去迎合他。像英国那样素以"无血革命"自夸的国民，又想拿出他们宪政的天才来顺应这种世变，求得一个无血的社会革命，就是他们说的那由上起的革命（Revolution from habitue）。英国近来设了一个"改造部"（Miminstry of Reconstruction），专去调查怎么可以成就这无血的革命，这改造部大臣任命的委员长调查的结果，曾印成小册子公之当世。《伦敦夕刊》曾选录过那小册子中的一文，题目是《关于成年者教育的产业及社会状况》，对于改善劳工生活的方法特为注意，仿佛是一种温情主义的工党首领撰的一样。听说雷德·乔治等要把这个方法加入政纲，这次选举既然大获胜利，第一着实行的必是这条政纲，因为他可以创造一个"新英国"，可以使这好几年英国国民直接间接在战场上的牺牲不至白白的没有意义。这就叫"沉默的革命"，"调和的革命"。英国国民若能在风平浪静的中间，完成了这一大使命，世界上有政治天才的国民，真算英人为第一了。

日本的朝野近来也都注意及此,"无血革命","第二维新"的声浪一天高似一天,什么"温情主义"咧,"三益主义"咧,也常常挂在研究社会问题的口上。这都是对着这世界潮流的未雨绸缪。

但是,我们要知道这样大的问题,都是因为分配而起的。我们要知道,有生产才有分配,有生产的劳工才有分配的问题。像我们这种大多数人只想分配不想生产的国民,只想了抢饭不愿作工的社会,对于这种世界潮流,应该怎么样呢?那些少数拿他们辛辛苦苦终年劳作的汗血,供给大多数闲人吮括的老百姓,应该怎么样呢?这大多数游手好闲不作工专抢干饭的流氓,应该怎么样呢?望大家各自拿出自己的良心来想一想!

署名:守常

《晨报》

1919年2月7、8、9日

平民主义

现代有一绝大的潮流遍于社会生活的种种方面：政治、社会、产业、教育、美术、文学、风俗，乃至衣服、装饰等等，没有不著他的颜色的。这是什么？就是那风靡世界的"平民主义"。

"平民主义"，崛起于欧洲，流被于美洲，近更藉机关炮、轮船、新闻、电报的力量，挟着雷霆万钧的声势，震醒了数千年间沉沉睡梦于专制的深渊里的亚洲。他在现在的世界中，是时代的精神，是惟一的权威者，和中世纪罗马教在那时的欧洲一样。今人对于"平民主义"的信仰，亦犹中世欧人对于宗教的信仰。无论他是帝王，是教主，是贵族，是军阀，是地主，是资本家，只要阻障了他的进路，他必把他们一扫而空之。无论是文学，是戏曲，是诗歌，是标语，若不导以平民主义的旗帜，他们决不能被传播于现在的社会，决不能得群众的讴歌。我们天天眼所见的，都是"平民主义"战胜的旗；耳所闻的，都是"平民主义"奏凯的歌，顺他的兴起，逆他的灭亡。一切前进的精神，都自己想象着是向"平民主义"移动着的。现在的平民主义，是一个气质，是一个精神的风习，是一个生活的大观，不仅是一个具体的政治制度，实在是一个抽象的人生哲学；不仅是一个纯粹理解的产物，并且是深染了些感情、冲动、念望的色泽。我们如想限其飞翔的羽翮于一个狭隘的唯知论者公式的樊笼以内，我们不能得一正当的"平民主义"的概念。那有诗的心趣的平民主义者，想冲着太阳飞，想与谢勒（Shelley）和惠特曼（Whitman）抟扶摇而上腾九霄。

"平民主义"是 Democracy 的译语：有译为"民本主义"的，有译为"民主主义"的，有译为"民治主义"的，有译为"唯民主义"的，亦有音译为"德谟克拉西"的。民本主义，是日本人的译语，因为他们的国体还是君主，所以译为"民本"，以避"民主"这个名词，免得与他们的国体相抵触。民主主义，用在政治上亦还妥当，因为他可以示别于君主政治与贵族政治，而表明一种民众政治，但要用他表明在经济界、艺术界、文学界及其他种种社会生活的倾向，则嫌他政治的意味过重，所能表示的范围倒把本来的内容弄狭了。民治主义，与 Democracy 的语源实相符合。按希腊语 demos，义与"人民"（People）相当，kratia 含义与"统治"（rule or government）相当，demo kratia，即是 Democracy，义与"民治"（People's rule or popular government）相当。此语在古代希腊雅典的政治家 Pericles[1]（生于纪元前四百九十五年，卒于四百二十九年）时代，亦为新造。当时的人觉得有为新理想立一个新名词的必要，但亦曾遭嫌新者的

---

[1] Pericles：伯利克里（约前495—前429），古雅典著名政治家，是雅典黄金时期具有重要影响的领导人。

反对，后来这个名词，卒以确立。惟至亚里士多德（Aristotle）时代，学者用之，诠义尚各不同，例如亚氏分政体为三种：一、君主政治（Monarchy），二、贵族政治（Aristocracy），三、民主政治（Polity）。此三种政体，又各有其变体：君主政治的变体，为暴君政治（Tyranny）；贵族政治的变体，为寡头政治（Oligarchy）；民主政治的变体，为暴民政治（Democracy）。是知亚氏诠释Democracy，不释为民主政治，而释为暴民政治，亚氏表明民主政治，不用Democracy，而用Polity。包莱表士氏（Polybius）则又用Democracy一语，以当亚氏的polity。后来行用日久，终以表示"民治"的意义。但此种政制，演进至于今日，已经有了很大的变迁，最初"统治"（Rule）的意思，已不复存，而别生一种新意义了。这与"政治"（Government）一语意义的变迁全然相同。"政治"的意义，今昔相差甚远，古时用这个字，含有强制或迫人为所不愿为的意思，如今则没有分人民为治者阶级与服隶阶级的意思了。自治（Self-government）一语，且与政治的古义恰恰相反。现代的民主政治，已不含统治的意思，因为"统治"是以一人或一部分人为治者，以其余的人为被治者，一主治、一被治；一统治、一服从，这样的关系，不是现代平民主义所许的。故"民治主义"的译语，今已觉得不十分惬当。余如"平民主义"、"唯民主义"及音译的"德谟克拉西"，损失原义的地方较少。今为便于通俗了解起见，译为"平民主义"。

"平民主义"的政治理想，在古代希腊，亚里士多德、柏拉图诸人已曾表现于他们所理想的市府国家。近世自由国家，即本此市府国家蜕化出来的。在此等国家，各个市民均得觅一机会以参与市府国家的生活，个人与国家间绝没有冲突轧轹的现象，因为人是政治的动物，在这种国家已竟能够自显于政治总体。政治总体不完备，断没有完备的人，一说市府的完全，便含有公民资格完全的意思。为使公民各自知道他在市府职务上有他当尽的职分，教育与训练都很要紧。亚氏尝分政治为二类：一为与市府生活相调和的政治，一为以强力加于市府的政治。前者，官吏与公民无殊，常能自守他的地位为政治体中的自觉的分子，觅种种途径以服事国家，没有一己的意思乖离于市府的利益。在这种国家，政治体由民众的全体构成，不由民众的一部，治者兼为民众的属隶。后者，官吏常自异于平民，利用官职以为自张的资具，一切政务都靠强力处理。把公民横分为治者与属隶二级，而以强力的关系介于其间，以致人民与官吏恶感丛生，俨成敌国。在这等国家，治者发号施令，为所欲为，属隶则迫于强力不得不奉命惟谨罢了。现代的"平民主义"，多与亚、柏诸人的理想相合，而其发展的形势，尚在方兴而未已。宇内各国，没有不因他的国体、政体的形质，尽他的可能性，以日趋于"平民主义"的。"平民主义"的政制，本没有一定的形式，可以施行这种制度的，亦不限于某类特定的国家或民族。人民苟有现代公民的自觉，没有不对于"平民主义"为强烈的要求的，没有不能本他的民质所达的程域向"平民主义"的正鹄以进的。民主的国家，不用说了。诺威本是君主政治，亦濡染了平民主义的新色了。瑞士的"康同"，本是寡头政治，少数反对人民的执政与富豪，亦遭平民主义的打击而表示退败了。日本本是元老政治，今日亦栗栗惟惧于平民主义气焰之下而有危在旦夕的势了。欧洲大战中及其以后，独裁帝制下的俄罗斯，一跃而为劳农苏维埃联邦共和国了。德、奥、匈诸国，亦皆变成民主共和国了。余如中欧一带，民主式的新国，亦成立了很多。可见今日各国施行"平民主义"的政治,只有程度高低的问题,没有可不可能不能的问题。这种政治的真精神,不外使政治体中的各个分子,均得觅有机会以自纳他的殊能特操于公共生活中;在国家法令下,自由以守其轨范,自进以尽其职分;以平均发展的机会,趋赴公共福利的目的;官吏与公民,全为治理国家事务的人;人人都是治者,人人都非属隶,其间没有严若鸿沟的阶级。这里所谓治者,即是治理事务者的意思,不含有治人的意味。国家与人民间,但有意思的关系,没有强力的关系;但有公约的遵守,没有强迫的压服,政府不过是公民赖以实现自己于政治事务的工具罢了。马萨莱客(T.G.Masaryk)说:"'平民主义'的政治的和社会的目的,乃在废除属隶与统治的关系。'平民主义'一语的本来的意义,是'人民的统治'(People's rule),但现代'平民主义'的目的,已全不在统治而在属于人民、为人民、由于人民的执行。这国家组织的新概念新计画怎样能被致之实行,这不仅是权力的问题,乃是一个执行技术的难问题。"这几句诠释现代平民政治的话,很能说出他的精要。可知强力为物,在今日的政治上已全失了他的效用。除在革命时期内,有用他以压服反对革命派的必要外,平时施用强力,适足为政治颓废的标识。

有人说"多数政治"(Government by majority)即是"平民政治"。无论何种政治,没有不是以强力作基础的。在平民政治下,多数对于少数,何尝不是一种强制的关系?威尔逊氏便有这种论调。他说:"政府是止于权力与强力上的。无论何种政体,政府的特质不外乎权力。一方有治者,他方有被治者。治者的权力,或直接,或间接,要以强力为归。简单一句话,政府就是组织的强力罢了。但组织的强力，不以组织的武力为必要，实际就是若干人或全社会的意志表现于组织，以实行其固有的目的而处理公共的事务。……强力不必是外形。强力虽为权力的后盾，而不可以捉摸。权力寄托在治者身上，虽属彰明较著，然而权力止在强力上，则非表面的事实。换句话说，就是强力的形式非所必要，所以有一种政府，他的权力，永远不被武力的形式。就是今世各国，政机的运用，大都肃静，没有压制人民的事。换句话说，就是不靠强力的形式，然而强力的隐显，固与其分量的轻重无关；近世的良政府，不靠治者的武力，而靠被治者的'自由认可'（Free consent）。这就是政府以宪法与法律为轨范，而宪法与法律又以社会的习惯为渊源。这所包蓄的强力，不是一君专制的强力，不是少数暴恣的强力，乃是多数人合致的强力。国民都知道此强力之伟大，相戒而不敢犯，故其力乃潜伏而无所用。那民选的官吏与专制的君主比较，其权力所凭依的强力，本来没有什么优劣，而合众国总统的强力，比革命前俄皇的强力，或且过之。二者的根本差别，全在隐显之间。好像腕力一样，甲以他为后援，乙用他作前卫，用的时境不同，其为一种强力，则没有什么区别。"据此以知威氏所云组织的强力，即指多数人合致的强力。于此我们要问，此种强力的构成是否含有所谓被治者的"自由认可"在内？抑或这所谓被治者的"自由认可"，必待此种强力的迫制，或知道此种强力的伟大，因而相戒不敢犯，始能发生？我想既云"自由认可"，则必无待于迫制；既有强力的迫制，则必不容"自由认可"发生。即使"自由认可"的动机，多少由于自己节制、自己牺牲，亦均属自由范围以内的事，决与自己以外威制的强力无关。孟子说过："以力服人者，非心服也，力不赡也。"非心服者，即不生

"自由认可"。凡事可以得人的"自由认可"，且可以称为心服者，必不是外来的强力的效果。服从的关系，若以强力的存否为断，那就是被动，不是自由，可以说是压服，不能说是悦服。压服的事，由于强力；悦服的事，由于意志；被动的事，操之自人；自由的事，主之自我。人为主动以施压服于己的强力一旦消灭，换句话说，就是非心服者的抵抗力一旦充足，服从的关系，将与之俱去。若说这种强力，必待所谓被治者的"自由认可"表示以后，始能发生，那么这种强力，不是多数人合致的强力，乃是多数人与少数人合成的国民公意。这种伟大的强力，实为人民全体的"自由认可"所具的势力，而人民全体的"自由认可"，决不是这种伟大的强力压迫的结果。我尝说过，"多数政治"不一定是圆满的"平民主义"的政治，而"自由政治"（Free government）乃是真能与"平民主义"的精神一致的。"自由政治"的神髓，不在以多数强制少数，而在使一问题发生时，人人得以自由公平的态度，为充分的讨论，详确的商榷，求一个公同的认可。商量讨论到了详尽的程度，乃依多数表决的方法，以验其结果。在商议讨论中，多数宜有容纳少数方面意见的精神；在依法表决后，少数宜有服从全体决议的道义。"自由政治"的真谛，不是仗着多数的强力，乃是靠着公同的认可。取决多数不过是表示公同认可的一种方法罢了。由专制向"平民主义"方面进行，多数表决正是屏退依力为治而代之以起的方法。欧美有句谚语："计算头颅胜于打破头颅（It is better to count heads than to break heads）"，正好说明这个道理。威氏又说："今世常说'舆论政治'、'民声政治'，这些名词，于描写发达圆满的平民政治容或有当，然在今日，那作成舆论的多数所恃以制胜者，不在少数的理屈，而在少数的数弱。换句话说，就是多数所以排斥少数，不特用他们众多的声音，并且靠着他们众多的势力。这是很明瞭的事实，不容讳言的。多数所以能行其统治，不是他们的智慧使他们能够如此，实在是他们的势力使他们能够如此。多数党苟欲把他们的意见致之施行，他们所需的势力，与专制君主所以压服其民众的，没有什么区别。"我们由威氏的说，可以反证出来今日所谓自由国家的平民政治尚未达于发达圆满境遇的事实，而切不可由此遽以断定真正平民政治的基础，亦在多数的强力。若把平民政治，亦放在"力的法则"之下，那所呈出的政象，将如穆勒（John Stuart Mill）[1]所云："虽有民主，而操权力之国民与权力所加之国民，实非同物。其所谓自治者，非曰以己治己也，乃各以一人而受治于余人。所谓民之好恶，非通国之好恶也，乃其中最多数者的好恶，且所谓最多数者，亦不必其最多数，或实寡而受之以为多。由是民与民之间，方相用其劫制。及此然后知限制治权之说，其不可不谨于此群者，无异于他群。民以一身受治于群，凡权之所集，即不可以无限，无问其权之出于一人，抑出于其民之泰半也。不然，则泰半之豪暴，且无异于专制之一人。""夫泰半之豪暴，其为可异者，以群之既合，则固有劫持号召之实权，如君上之诏令然。假所谓诏令者，弃是而从非，抑侵其所不当问者，此其为暴于群，常较专制之武断为尤酷。何则？专制之武断，其过恶显然可指，独泰半之暴，行于无形，所被者周，无所逃雪，而其入于吾之视听言动者最深。其势非束缚心灵，使终为流俗之奴隶不

---

[1] 穆勒（John Stuart Mill）：今通译 J.S. 密尔（1806—1873），19世纪英国哲学家、政治理论家。

止。"（从严译）专恃强力的政治，不论其权在于一人，抑在于多数，终不能压服少数怀异者的意思，其结果仍为强力所反抗，展转相寻，无有已时。"平民主义"的政治，绝不如是。现代的"平民主义"，已经不是"属于人民、为人民、由于人民的政治"（Government of the people, for the people, by the people），而为"属于人民、为人民、由于人民的执行"（Administration of the people, for the people, by the people），不是对人的统治，乃是对事物的管理。我们若欲实现"平民主义"，不必研究怎样可以得着权力，应该研究怎样可以学会管理事物的技术。

现代政治或社会里边所起的运动，都是解放的运动。人民对于国家要求解放，地方对于中央要求解放，殖民地对于本国要求解放，弱小民族对于强大民族要求解放，农夫对于地主要求解放，工人对于资本家要求解放，妇女对于男子要求解放，子弟对于亲长要求解放。这些解放的运动，都是平民主义化的运动。

有了解放的运动，旧组织遂不能不破坏，新组织遂不能不创造。人情多为习惯所拘，惰性所中，往往只见有旧的破坏，看不见新的创造，所以觉得这些解放的运动，都是分裂的现象。见了国家有人民的、地方的解放运动，就说是国权分裂了；见了经济界有农夫、工人的解放运动，就说是经济的组织分裂了；见了社会里、家庭里有妇女或子弟的解放运动，就说是社会分裂了，家庭分裂了；见了这些分裂的现象，都凑集在一个时代，凡在这个时代所制的器物，所行的俗尚，都带着分裂的色彩，就说现在的时代是分裂的时代。看那国旗由一个黄色变而为五色，不是分裂的现象么？北京正阳门的通路，由一个变而为数个，不是分裂的现象么？再看方在流行的妇人的髻,女孩的辫,多由奇数变而为偶数,不是分裂的现象么?中国有二个国会,二个政府,俄国分成几个国家,德、奥、匈及中欧一带的小民族纷纷的宣告自主,爱尔兰、印度对英的自治运动,朝鲜对日本的独立运动,不都是分裂的现象么?十数年来,国人所最怕的有两个东西:一是"平民主义",一是联邦主义。国体由君主变为民主了,大家对于"平民主义"才稍稍安心。独这联邦主义,直到如今,提起来还是有些害怕,这因联省自治而起的国内战争,还是随时有一触即发的样子。至于文人政客,不是说联邦须先邦后国,就是说中国早已统一;不是吞吞吐吐的说我是主张自治,避去联邦字样,就是空空洞洞的说我是只谈学理,不涉中国事实。推本求源,一般人所以怕他的原故,都是误认他是分裂的现象,所以避去这个名词不讲,都是怕人误认这是一个分裂的别名。

其实这些人都是只见半面,未见全体。现在世界进化的轨道,都是沿着一条线走,这条线就是达到世界大同的通衢,就是人类共同精神联贯的脉络。"平民主义",联邦主义,都是这一条线上的记号。没有联邦的组织,而欲大规模的行平民政治,必不能成功。有了联邦的组织,那时行平民政治,就像有了师导一般。因为平民政治与联邦主义,有一线相贯的渊源,有不可分的关系。这条线的渊源,就是个性解放。个性解放,断断不是单为求一个分裂就算了事,乃是为完成一切个性,脱离了旧绊锁,重新改造一个普通广大的新组织。一方面是个性解放,一方面是大同团结。这个性解放的运动,同时伴着一个大同团结的运动。这两种运动,似乎是相反,实在是相成。譬如中国的国旗,一色分裂为五色,固然可以说他是分裂,但是这五个颜色排列在一面国旗上,很有秩序,代表汉、满、蒙、回、藏五族，成了一个新组织，也可以说是联合。北京正阳门的通路变少为多，妇人的髻、女孩的辫变奇为偶，一面固可以说是分裂，一面又是联成一种新组织、新形式，适应这新生活，表现时代精神的特质，发挥时代美。中国大局的分裂，南一国会，北一国会，南一政府，北一政府；俄国当此社会根本改造的时候，这里成立一个劳农苏维埃共和国，那里成立一个劳农苏维埃共和国，一时也呈出四分五裂的现象；奥国、匈国、德国都是这样，一方面像是分裂，一方面方在改造一种新组织。这种新组织，就是一个新联合。这新联合的内容，比从前的旧组织更要扩大，更要充实，因为个人的、社会的、国家的、民族的、世界的种种生活，不断的发生新要求，断非旧组织旧形式所能适应的，所能满足的。今后中国的汉、满、蒙、回、藏五大族，不能把其他四族作那一族的隶属。北京正阳门若是照旧只留一条路，那些来往不绝的车马，纷错冲突，是断乎不能容纳的。方今世界大通，生活关系，一天比一天复杂，个性自由与大同团结，都是新生活上新秩序上所不可少的。联邦主义于这两点都很相宜。因为地方的、国家的、民族的、社会的单位，都和个人一样，有他们的个性，联邦主义能够保持他们的个性自由，不受他方的侵犯。各个地方的、国家的、民族的、社会的单位间，又和各个人间一样，有他们的共性，联邦主义又能够完成他们的共性，结成平等的组织，确合职分的原则，达他们互助的目的。这个性的自由与共性的互助中间的界限，都以适应他们生活的必要为标准。

照此看来，联邦主义不但不是分裂的种子，而且是最适于复合、扩大、殊异、驳杂生活关系的新组织。许多的国家民族间，因为感情、嗜性、语言、宗教不同的原故，起过多年多次的纷争，一旦行了联邦主义，旧时的仇怨嫌憎，都可涣然冰释。看那英人与法人有几世的深仇，当那英国的政治家引诱坎拿大人创造一种联邦，确定地方自治权的时候，英、法二民族间也曾起过战争，到后来坎拿大行了联邦主义，法国人的坎人变成了忠于英国的人民，英国人的坎人，亦甘愿服从法人为坎人的首领，两个民族却相安无事了，他们激烈的冲突，就是这样了结。有一位劳利耶翁（Sir Wilfred Laurier）[1]是法国的旧教徒，多年居坎拿大的政枢，到了英国各部间起了巩固结合运动的时候，大家都承认这位法国人的坎拿大政治家是热心英国联合巩固的一个重要人物。再看那南非洲的英国人与荷兰人也曾起过复仇的战争，一旦有了联合，作自治的基础，那英、荷二国人就和好如初。勃亚人（Boers）[2]因为享了点比较的自治的生活，也就忠于英国政府了。中国自从改造共和以来，南北的冲突总是不止，各省对于中央，亦都不肯服从，那蒙、藏边圉，不是说自主，就是说自治，依我看来，非行联邦主义不能造成一个新联合。又如，俄国那样大的领域，那样杂的民族，想造成一种新联合、新组织，亦非行联邦主义不可。果然这新造的俄罗斯社会联邦苏维埃共和国，亦是一种联邦的组织。像俄国这种联邦共和，就是一个俄国各部及各族的劳动者的自由联合。他与英国的联邦、瑞士的联邦迥乎不同。俄国的联邦苏维埃共和，是由俄国各部劳农组织而成的社会共和，倘为苏维埃所联合的各部分的劳农想互相分离，无人可

---

[1] 劳利耶翁（Sir Wilfred Laurier）：今通译威尔佛雷德·兰瑞（1841—1919），加拿大自由主义政治家。

[2] 勃亚人（Boers）：今通译布尔人，一般指阿非利卡人，是南非和纳米比亚的白人种族之一。

阻挡他们这样做法。但是英国的联邦，还是靠着强力来维持的。英国对于非洲、亚洲、澳洲的人民及勃亚人，多少还是有些压服的关系。就是爱尔兰的自治运动，新芬党[1]亦曾费了多年努力奋斗的工夫，才能脱了英国的一半的羁绊。英国资本家今尚夸言，我们有一联邦，就是万邦联合国。但是不论何时，倘若这联邦的人民，想离不列颠的压迫，那不列颠的中级社会，将用武力征讨他们。从前对于美国，最近对于爱尔兰和印度，都是明显的例证。英国的联邦组织，将来必不免有些变动。瑞士的联邦共和，是一个许多的"康同"（Cantons）的联合。但这联合亦是靠兵力造成的。瑞士的"康同"，苟有欲与瑞士脱离关系的，必遭瑞士共和军的讨伐。大战终结后，奥、匈也改成民主联邦了。德国的联邦，原来是几个君主组织的，够不上称为纯粹的联邦。经过这一回的革命，把那些君主皇族总共有二百七十八人，一个一个的都驱逐去了。那普鲁士的霸权，也根本摧除净尽，才成了真正的民主联邦。美国是一个纯正的民主联邦国，是大家都知道的。我们可以断言现在的世界，是联邦化的世界，亦是"平民主义"化的世界，将来的世界组织，亦必为联邦的组织，"平民主义"的组织。联邦主义，不过是"平民主义"的另一形态罢了。

上古时代，人与人争，也同今日国与国争全是一样。以后交通日繁，人人都知道长此相争，不是生活的道路，于是有了人群的组织。到了今日，国际的关系一天比一天多，你争我夺，常常酿成大

---

[1] 新芬党：新芬即爱尔语，中文译为"我"，"新芬党"指一个北爱尔兰社会主义政党。

战，杀人无算，耗财无算，人才渐悟国与国长此相争，也不是生活的道路，种种国际主义的运动于是乎发生。现代国际主义的运动，可大别为二类：一类是中产阶级的国际主义的运动，像那盎格鲁日尔曼协会、盎格鲁奥特曼协会，是为增进国际上友谊的团体；像那海牙平和会议、海牙仲裁裁判、新世界共和国代表五年会议、平和与自由同盟、妇人同盟、基督教联合同盟、民族联合同盟、威尔逊提议的国际大同盟和这回哈丁[1]氏提议的太平洋会议等国际的组织，不是为反对战争，就是为解决国际间的纠纷问题。有些人对于这种国际主义的运动，抱很大的希望，以为有了增进国际间友谊的、解决国际间纠纷问题的、反对国际战争的国际的团体，那国际间的误解与战祸，自然可以减免很多。特别是对于威尔逊提议的国际同盟，希望更大，以为这种组织，便是世界的联邦的初步。本来邦联与联邦的区别，不过是程度上的差异，邦联就是各独立国为谋公共的防卫、公共的利益所结的联合，加入联合的各国，仍然保留他自己的主权。这联合的机关，全仰承各国共同商决的政策去做。古代希腊的各邦，后来瑞士的"康同"，德国的各邦，美国的各州，都曾行过。联邦就是一国有一个联合政府，具有最高的主权，统治涉及联邦境内各邦共同的利益，至于那各邦自治领域以内的事，仍归各邦自决，联合政府不去干涉。那采行一七八九年宪法以后的美国，采行一八四八年宪法以后的瑞士，都是此类。美国的联邦，是由一七八九年以前各州的邦联蜕化而成的。这邦联是由一六四三年四个新英兰殖民地的同盟蜕化而成的。将来世界的联邦，如能成立，

---

[1] 哈丁：今通译哈定（1865—1923），美国第29任总统。

必以这次国际同盟为基础。由现在的情势看，恐怕这只是一种奢望。资本主义存在一天，帝国主义即存在一天。在帝国主义冲突轧轹之间，一切反对战争的企图，都成泡影，一切国际的会议，都不过是几个强国处分弱小民族权利分配的机关罢了。帝国主义之下，断没有"平民主义"存在的余地。不是"平民主义"的联合，决不是真正的联合。一类是劳动阶级的国际主义的运动。这种运动，与中产阶级的国际主义的运动大异其趣。他们主张阶级的争斗。他们不信并且不说"全人类都是兄弟"。必欲讲这一类的话，只可说"全世界的工人都是兄弟"。劳动阶级的国际主义，不是为平和，乃是为战争。他们全体有一个国际的公敌，就是中产阶级。这一阶级，遇有必要，都联合起来，和劳动阶级宣战。像那毕士麦[1]助捷尔士（Thiers）[2]反对巴黎的康妙恩（Commune of Paris）；像那德国和协约国联合反对俄国的布尔札维克（Bolshevik），都是显例。劳动阶级为对抗中产阶级的联合，必须有一个劳动阶级的国际联合。不但于日常发生的产业的争议，和防止国外破坏罢工同盟的人，这种联合很是有用，就是在革命的时候，资本主义的国家的工人，亦能阻止他们的执政者予革命成功的地方以打击。劳动阶级的国际主义，其目的不在终止战争，而在变更战争的范围，而在使战争不为国家的，而为阶级的。他们认战争不是恶性的结果，不是国际间误解的结果，乃是现代帝国主义的结果。这帝国主义，在他的基础上，是经济的，和资本主

---

[1] 毕士麦：今通译俾斯麦（1815—1898），曾任普鲁士王国首相，德意志帝国宰相，人称"铁血宰相"。

[2] 捷尔士（Thiers）：今通译梯也尔（1797—1877），法国政治家、历史学家，曾三度出任法国首相。

义有不可分的关系。战争必到资本家阶级停止存在的时候才能绝迹。劳动阶级的国际团体，有一八六四年成立的"第一国际"（The First International），巴黎康妙恩失败后，渐归渐灭；有一八八九年成立的"第二国际"（The Second International），至一九一四年停止了他的存在；有一九一九年成立的"第三国际"（The Third International），现方蓬蓬勃勃势力日大，组织亦比从前的国际团结愈益巩固，愈益完密，有常设的执行委员会。这两种国际主义的运动——即是中产阶级的国际联盟与劳动阶级的第三国际——必有一种为将来国际大联合的基础的，看现在的形势，后者比前者有望的多。

　　本于专制主义、帝国主义的精神，常体现而为"大某某主义"（Pan...ism）。持这个主义的，但求逞自己的欲求，以强压的势力迫制他人，使他屈服于自己肘腋之下。这样的情形，在国家与国家间有，在民族与民族间有，在地方与地方间有，在阀阅与阀阅间有，在党派与党派间亦有。于是世界之中，有所谓"大欧罗巴主义"，有所谓"大美利坚主义"，有所谓"大亚细亚主义"；欧洲之内，有所谓"大日尔曼主义"，有所谓"大斯拉夫主义"；亚洲之内，亦有所谓"大日本主义"；近几年来，中国之内，亦有所谓"大北方主义"、"大西南主义"；同在北方主义之下，亦有两种以上的大某某主义在那里暗斗；同在西南主义之下，亦有两种以上的大某某主义在那里对峙。以欧战的结果，和中国的政情来看，凡是持大某某主义的，不论他是一个民族、一个国家、一个地方、一个军阀、一个党派、一个个人，没有不归于失败的。反乎大某某主义的，就是"平民主义"。故大某某主义的失败，就是"平民主义"的胜利。一个是专制主义，一个是自由主义；一个尚力，一个尚理；一个任一种势力的独行，一个容各个个体的并立。凡是一个个体，都有他的自由的领域。倘有悍然自大，不顾他人的自由，而横加侵害的，那么他的扩大，即是别人的削小；他的伸张，即是别人的屈辱；他的雄强，即是别人的衰弱；他的增长，即是别人的消亡。一方的幸运，即是他方的灾殃；一方的福利，即是他方的祸患。那扩大、伸张、雄强、增长、获幸运、蒙福利的一方，固然得了，然而在那削小、屈辱、衰弱、消亡、罹灾殃、受祸患的一方，其无限的烦冤，无限的痛苦，遏郁日久，亦必迸发而谋所以报复与抵抗。且人之欲大，谁不如我，苟有第二个持大某某主义的来与他争大，按之物莫能两大的道理，争而失败的，二者中间必有一个。故持大某某主义的，不败亡于众弱的反抗，即粉碎于两大的俱伤，其结果必失败于"平民主义"之前而无疑。

在妇女没有解放的国家，绝没有真正的"平民主义"。现代欧美号称自由的国家，依然没有达到真正的"平民主义"的地步，因为他们一切的运动、立法、言论、思想，都还是以男子为本位，那一半的妇女的利害关系，他们都漠不关心。即使有人对于妇女的利害关系稍加注意，那人代为谋的事，究竟不是真能切中妇女们本身利害的，决不像妇女自己为谋的恳切。"人民"（People）这个名词，决不是男子所得独占的，那半数的妇女，一定亦包含在内。从前美国女权运动的领袖，主张妇女应有参政权的理由，就是根据美国《独立宣言》的精神及《北美合众国宪法》的解释。他们说，在《美国宪法》里，实无一语一句，拒绝妇女在州或国的选举权。《美国宪法》的前文有云："我们，合众国的人民……为北美合众国制定此宪法。"（We, the People of the United States...do ordain and establish this Constitution for the United States of America.）这"人民"（People）里，当然包有妇女在内。那么人民在宪法上应享的权利，妇女当然和男子一样享有。这是他们的堂堂正正的理由。费烈士（Brougham Villiers）[1] 说："纯正的'平民主义'不是由男子所行的民主民权的政治，乃是由人民全体所行的民主民权的政治"（The formula of democracy is not government of the people for the people by the men but by the people）。费氏郑重的申明"不是由男子所行的"，"乃是由人民全体所行的"，就是主张男女两性在政治上当有平均发展的机会。社会上一切阶级，都可以变动：富者可以变为贫，贫者亦可变为富；地主与资本家可以变为工人，工人亦可变为地主与资本家。社会若经适当的改造，这等阶级都可归于消泯，惟独男女两性，是个永久的界限，不能改变。所以两性间的"平民主义"，比什么都要紧。况且"平民主义"，本是母权时代的产物，故"平民主义"为女性的。后来经济上生了变动，母权制渐就崩坏，"平民主义"即随之消亡。父权制——男性中心的家族制——继之而起，专制主义于是乎产生，故专制主义为男性的。在一个社会里，如果只有男子活动的机会，把那一半的妇女关闭起来，不许伊们在社会上活动，几乎排出于社会的生活以外，那个社会，一定是个专制、刚愎、横暴、冷酷、干燥的社会，断没有"平民主义"的精神。因为男子的气质，有易流于专制的倾向，全赖那半数妇女的平和、优美、慈爱的气质相与调剂，才能保住人类气质的自然均等，才能显出真正"平民主

---

[1] 费烈士（Brougham Villiers）：今通译布鲁姆（1778—1868），英国律师，辉格党政治家。

义"的精神。中国人的一切社会生活，都是妇女除外，男女的界限，异常的严，致成男子专制的社会。不独男子对于女子专制，就是男子对于男子，亦是互为专制。社会生活的内容，冷酷、无情、干燥、无味，那些平和、优美、博爱、仁慈的精神，没有机会可以表现出来。若想真正的"平民主义"在中国能够实现，必须先作妇女解放的运动，使妇女的平和、美、爱的精神，在一切生活里有可以感化男子专暴的机会，积久成习，必能变化于无形，必能变专制的社会为平民的社会。没有"平民主义"化的社会，断没有"平民主义"的政治。

世界各国的女权运动，本有很长的历史。先驱的责任，早已落在高加索人种（Caucasian Race）[1]妇女的头上，就中尤以美国的妇女为最活泼猛进。在伊们指导之下，成立了许多的妇女团体。一八八八年成立的妇女国际会议及国际妇女参政权联合会等国际的联合，都多赖美国妇女的尽力。但女权运动的成功，则以北欧诸国为最早。一九〇一年，诺威的纳税妇女，已取得市政机关选举权，至一九〇五年，诺威离瑞典而独立，妇女运动，益见进步。一九〇七年，挪威的纳税妇女，取得了中央议会选举权。芬兰的妇女，自一八六七年，妇女即取得地方机关选举权，至一九〇六年，地方与中央各项议会，均与男女以同等的普及的选举权。一九一〇年，中央议会选举时，男女投票的人数几乎相等，妇女当选者十七人，约当男议员十分之一。丹麦的妇女，于一九〇八年，取得地方

---

[1] 高加索人种（Caucasian Race）：即欧罗巴人种（Europeoid race），一般指白色人种。

机关选举权。一九一五年，丹麦新宪法又与妇女以中央选举权及被选举权。该宪法规定，凡品行端正的女子及男子年满二十五岁者俱有参政权。一九一八年，丹麦举行议会选举时，妇女参加选举者为数很多，当选者共有九人。瑞典的妇女，未婚而纳税至若干额以上者，于一八六二年，即取得地方选举权。至一九〇九年，一切品行端正的妇女，对于地方机关俱享有选举权及被选举权。一九一八年，英国的新选举法，以中央议会选举权授与妇女。按照这新选举法，凡年满二十一岁的男子，殆皆享有选举权，妇女则须年满三十且有独立住所者，始有选举权。一九一八年，英国议院又通过一个《妇女资格赋与案》（Qualification of Women Act），承认妇女与男子对于中央议会有同等的被选资格。是年十二月，中央议会选举时，妇女投票，甚形踊跃，有些选区妇女投票者竟多于男子。但通国当选的妇女，只有一位爱尔兰女子，且因伊是新芬党人，有政治革命的罪案，虽当选而无效。英领纽吉兰（New Zealand）自一八八三年，凡成年的妇女，俱得本邦中央议会的选举权。澳洲亦自一八九五年以来，各邦陆续授妇女以选举权，至一九〇八年，各邦妇女对于中央议会，与男子享有同等的选举权。但纽、澳各邦的妇女被选举权，大都尚未取得，故该处的妇女参政运动，尚在激烈进行中。美国自一八六九年至一九一七年，共有十九州妇女得有选举权，至一九一八年正月，美国联邦众议院通过一种宪法修正案，明定"联邦及各州选举权不得因男女的差别而有歧异"。这修正案于一九一九年通过联邦参议院，于一九二〇年得联邦各州全体的四分之三以上的批准，美国各州的妇女，遂与男子有同等的选举权。一九一八年，苏维埃俄罗斯社会主义联邦共和国的新宪法，承认男女有同等的选举权和被选举权。一九一九年的德意志联邦共和国新宪法，承认男女完全平权，那一年的联邦议会的选举，妇女当选者有三十六人，有二十一人属于社会党。一九一九年奥国国民制宪团体中，已有女代表参加。瑞士的各"康同"中，亦有以参政权授与妇女者。一九一九年五月，法国众议院亦曾通过一案，承认妇女与男子享有同等的选举权，但未得上院通过。中国广东、湖南、浙江等省制定省宪，亦规定了男女平权。这种运动，都与普通选举运动同是向"平民主义"进展的运动。

自劳农俄国成立后，政治学者乃为这种新式的政治，立了一个新名词。这新名词，就是"工人政治"（Ergatocracy）。这个名词，创立未久，在字典上还没有他的地位。创造此新语，亦须借重于丰富的希腊语源。希腊语 Ergates，意即"工人"（Worker），与 cracy（Rule）相联缀，训为"工人的统治"（Worker's rule）。在无产阶级专政的时期，这种政治，的确含有统治（Rule）的意味，而且很严，大权集于中央政府，实行统治别的阶级，这就是以一阶级的权力，替代他一阶级的权力，以劳工阶级的统治，替代中产阶级的少数政治（Bourgeois oligarchy）。这是在革命期间必经的阶级。随着无产阶级专政的经过，那 Ergatocracy 一语中的要素（cracy）的意义，将生一广大的变动。原来社会主义的目的，即在破除统治与服属的关系。故当中产阶级平民政治的特色，私有的规制完全废除至全失其复活的可能，社会主义的精神在实行社会主义制度之下普及于一般的时候，真正的"工人政治"，便自然的实现。那时事物的管理代替了人身的统治，因为除去老幼废疾者外，人人都是作事的工人。这种政治，就是为工人，属于工人，而由工人执行的事物管理。这里所谓工人，当然没有男女的差别。随着阶级的消灭，统治与服属的关系亦全然归于消灭。

"工人政治"，亦是本于"平民主义"的精神而体现出来的。故有人说这"工人政治"，才是纯化的"平民主义"、纯正的"平民主义"、真实的"平民主义"。而列宁氏（Nikolai Lenin）于一九一九年四月十五日，在莫斯科（Moscow）"第三国际"大会里演说，亦曾极力辨明中产阶级的"平民主义"（Bourgeois democracy）与无产阶级的"平民主义"（Proletarian democracy）的区别。后来又在他的《国家与革命》并别的著作里，屡屡赞美这无产阶级的"平民主义"。可见"工人政治"在本质上亦是"平民主义"的一种。共产主义的政治学者所以必须另立新名的原故，乃是因为"平民主义"的名词，已为资本主义的时代用滥了，已为卑鄙的使用玷污了。是"新沐者必弹冠，新浴者必振衣"的意思。鲍洪氏（Bohun）劝告他的同志们说："不要再说'平民主义'了。你们想你们是平民主义者么？但是你们不是的。你们想你们要'平民主义'么？但是你们不要的。你们是工人政治派，你们要工人政治。'平民主义'是资本主义的破烂时期的方法，是一个被卑鄙使用玷污了的名词。留下'平民主义'这个名词给自由派的中产阶级和社会主义者中的无信仰者用罢。你们的目的，是工人政治。"这几句话，可以表明他们的态度，可以表明他们避用"平民主义"一语的理由。

总结几句话，纯正的"平民主义"，就是把政治上、经济上、社会上一切特权阶级，完全打破，使人民全体，都是为社会国家作有益的工作的人，不须用政治机关以统治人身，政治机关只是为全体人民，属于全体人民，而由全体人民执行的事务管理的工具。凡具有个性的，不论他是一个团体，是一个地域，是一个民族，是一个个人，都有他的自由的领域，不受外来的侵犯与干涉，其间全没有统治与服属的关系，只有自由联合的关系。这样的社会，才是平民的社会，在这样的平民的社会里，才有自由平等的个人。

署名：李守常

《百科小丛书》第 15 种

商务印书馆出版

1923 年 1 月

辑三

论学

政论家与政治家（一）

语云："天生我才必有用"。此所谓用，非徒供用于人，亦重自用其我。立宪国民之惟一天职，即在应其相当之本分，而觅自用之途，俾得尽量以发挥其所长，而与福益于其群。信念既笃，则依之以努进，而尽其能以造其极，不以外物迁其志，不以歧路纷其心。斯其所造，必能至于己立立人、己达达人之境，而其人之生乃为不虚生，其人之用乃为不误用，而优良之效果乃于是乎得矣，而人生之价值乃于是乎显矣。夫人非尽哲学家，故人不能尽喻人生之为何意义。人非尽预言者，故亦不能尽测人生之将成何状。但人固皆有其我，而各人之我，固皆有其灵魂、肉体、血液活动于一生命之下，而为崇严无妄之事实。人即不宜对此崇严无妄之事实，有所自欺以欺人，无论谁某，均宜以纯正之精神，真诚之性态，以为其所当为，所可为，所能为。盖人生之有价值与无价值，有意义与无意义，皆在其人之应其本分而发挥其天能与否，努力与否，精进与否。此即人生自用之道也，此即立宪国民之天职也。

发育人文助进群化之事业，固自多端。简而举之，不外两途：即精神的方面与实际的方面而已。关于精神的方面之事业，如政论家、哲学家、文学家、批评家、宗教家等之所为皆是也；关于实际的方面之事业，如政治家、实业家、医士、军人等之所为皆是也。此二种事业，其于人类社会，皆所要需，或相张弛，或相错综，或相递嬗，或相并行，固不可有所轻重轩轾于其间也。希腊以文化之优美显，罗马以武力之雄强称，皆足为一国之荣华也。法兰西有约翰·贾克·卢骚、福禄特儿之徒出，以其思想之力，奋激法兰西国民之精神，即有拿翁之怪杰出，以铁血之力，统一欧洲大陆之纷紊。德意志有康德、圭得[1]、别特文[2]于思想界为欧洲之宫殿，而青年德意志弹奏者之海聂辄以"法国有大陆之霸权、英国有海上之霸权，而德国则有空中之帝国"之言讽之，后遂出斯泰因[3]、维廉老帝[4]、俾士麦、摩尔特克，以及今日搅翻世界平和之维廉二世，其功业所震耀，固不仅陆以制法、海以胁英已也。英之国民，虽以保守著闻，而有时亦生路特儿[5]、克林威儿[6]；虽沉溺于功利主义，而优美之精神，一旦如逢春之花灿烂以发，其华丽则如沙士比亚、米尔

---

[1] 圭得：今通译歌德。

[2] 别特文：Ludwig Van Beethoven（1770—1827），今通译贝多芬。德国作曲家，维也纳古典乐派代表人物。

[3] 斯泰因：Heinrich Friedrich Kan Reichsfreiherr Vom und zum Stein（1757—1831），今通译海因里希·斯坦因，普鲁士首相。

[4] 维廉老帝：即威廉一世。

[5] 路特儿：疑指 William Lenthall（1591—1662），今通译伦索尔，英国国会议员、下院议长。

[6] 克林威儿：Oliver Cromwell（1599—1658），今通译克伦威尔，17世纪英国资产阶级革命领袖。

顿[1]、俄士佛斯[2]、考德[3]、拜伦、加罗尔[4]、马克雷[5]等，且辈出矣。当拿翁挥其拔山盖世之手腕蹂躏欧陆时，风驰电掣，以窥英伦，则盎格鲁撒逊民族之血，亦为之跃动，而生惠灵吞[6]、鼐利逊[7]矣。威多利亚[8]女皇朝承平之世，士夫则以文学相粉饰，江山文藻，歌舞相闻。而至耶德互德七世[9]立，内政外交，日益棘手，则政治家、外交家，如古莱斯顿[10]、张伯伦[11]、奇士雷里[12]、苦罗马[13]、加宗[14]、

---

[1] 米尔顿：John Milton（1608—1674），今通译弥尔顿，英国诗人、政论家、民主斗士。

[2] 俄士佛斯：William Wordsworth（1770—1850），今通译华兹华斯，英国诗人。

[3] 考德：疑指 Henry Condell（？—1627），英国著名演员。

[4] 加罗尔：今通译卡莱尔。

[5] 马克雷：Thomas Babington Macaulay（1800—1859），今通译麦考莱，英国政治家和史学家。

[6] 惠灵吞：Arthur Wellesley Wellington（1769—1852），今通译威灵顿，英国统帅、首相。

[7] 鼐利逊：Horatio Nelson（1758—1805），今通译纳尔逊，英国海军统帅。

[8] 威多利亚：Alexandrina Victoria（1819—1901），今通译维多利亚，英国女王。

[9] 耶德互德七世：Edward Ⅶ（1841—1910），今通译爱德华七世。英国国王。

[10] 古莱斯顿：William Ewart Gladstone（1809—1898），今通译格莱斯顿。英国政治家、经济学家。

[11] 张伯伦：今通译约瑟夫·张伯伦（Joseph Chamber Lain，1836—1914），英国政治家。

[12] 奇士雷里：Benjamin Disraeli（1804—1881），今通译迪斯累里，英国首相。

[13] 苦罗马：Evelyn Baring Cromer, Lord Cromer（1841—1917），英国官员、外交家。

[14] 加宗：疑指 George Nathaniel, Lord Curzon（1859—1925），今通译寇松，英国政治家。

约翰·莫烈[1]、塞西儿[2]、罗慈[3]等,又复代生于其间。乃至现代政家之中坚,如爱士葵[4]、古雷[5]、雷德·乔治,皆于世为有数之人物焉。由是以观,精神的事业与实际的事业,其有功于国族者,固皆甚伟。平情论之,二者均不可阙,惟因时势之迁移,一时颇有畸轻畸重之感。而征之历史,二者功能,殊无等差,不并行于同时,则递嬗于异代。彼拿翁以一世之雄,平生东征西战,企遂其世界帝国之壮怀,而卒以陷于楚歌四面之中,竟至一败不可收拾,凄凉落日,幽于穷岛,则复仰天长叹曰:"呜呼!吾之一生,乃不及那札雷一木工之子乎!"似政治之伟业不逮宗教之宏功者。然此特英雄末路悲愤之语,未遽可以成败论英雄,即未可以成败论政治与宗教二种事业之孰优而孰劣也。法国文豪阿那特法兰士,普法战后历十余年,尝游割让于德之亚尔萨士、罗伦士之地,见士多拉士堡大学之规模壮丽,夕阳凭吊,感慨唏嘘,则喟然曰:"是实德意志精神最强烈之创造也。"又似教育之力优于政治之力者。然此特骚人逸士过伤心之地,兴爱国之思,一时感奋之言,未遽可以断政治与教育二种事业之孰重而孰轻也。然则吾人苟欲尽其为我者,从事于政治也可,从事于文学也可,从事于实业也可,从事于教育也亦无不可。即从事于政治者之为政治家与为政论家,均当听其自择,而无

---

[1] 约翰·莫烈:John Morley(1838—1923),今通译摩莱。英国官员。

[2] 塞西儿:疑指 Robert Talbot Gascoyne-Cecil(1830—1903),英国政治家。

[3] 罗慈:Hugh Henry Rose(1801—1885),疑指英国陆军元帅。

[4] 爱士葵:Herbert Henry Asquith(1852—1928),今通译阿斯奎斯,英国首相,自由党领袖。

[5] 古雷:疑指 Edward Grey(1862—1933),英国政治家、国会议员。

所于优劣。惟必用其所长，率其所信，以终始其事，而后其成功乃有可观。若夫诱于功名，迁其信念，而弃其所适以试其所短，将一生之事业付之东流，斯其所失，不仅系于其人一身之穷达成败，而国群中有魁奇特伟之才，不得自中其用，以致不能惠泽于其群者，是则尤堪痛惜者也。

署名：守常

《甲寅日刊》

1917年2月25日

政论家与政治家（二）

昔者亚丹·斯密昌言分业之理，后世讲计学者多宗之。余谓此理亦可通于政治，即政论家与政治家，亦以分工治事为宜，为其得以用才从长收效较丰也。顾政论家与政治家分职之界域果何在欤？此不独为吾人论析此问题者所欲明之界，亦实为政论家、政治家者本身所当觉知之事焉。以余言之，政论家宜高揭其理想，政治家宜近据乎事实；政论家主于言，政治家主于行。政论家之权威，在以理之力摧法之力，而以辟其新机；政治家之权威，在以法之力融理之力，而以善其现状。政论家之眼光，多注于将来；政治家之眼光，多注于现在。政论家之主义，多重乎进步；政治家之主义，多重乎秩序。政论家之责任，在常于现代之国民思想，悬一高远之理想，而即本之以指导其国民，使政治之空气，息息流通于崭新理想之域，以排除其沉滞之质；政治家之责任，在常准现代之政治实况，立一适切之政策，而即因之以实施于政治，使国民之理想，渐渐显著于实际政象之中，以顺应其活泼之机。故为政论家者，虽标旨树义超乎事实不为过；而为政治家者，则非准情察实酌乎学理莫为功。世有厚责政论家以驰于渺远之理想，空倡难行之玄论，而曲谅政治家以制于一时之政象难施久远之长图者，殆两失之矣。

政论家与政治家之职领既异，则人之所以自择其所适，而期于尽其为我者，亦当因其才之所长，而自器亦有所不同，此即自用之说也。英之政家张伯伦者，家故革商，十六岁时，即投身于其父之商店，事制靴业，勤勉忍耐，习于制造，后以发明螺旋钉，得专卖权于英、美两政府焉。尝曰："凡世间事无一可以轻心粗略出之者，苟能竭其所长，必将驾乎委心任运者而上之。"其立身处事，诚笃奋勉有若此者，故所事无不成。逮三十八岁，遂为伯明罕市长，四十岁又被选为下院议员，自是驾轻遇顺，坦坦荡荡以上政治活动之途矣。盖其素所秉赋者，宜于政治之生涯也。德人兰凯氏，自三十岁时，著一四九四年至一五一六年间罗马及德意志国民史，迄八十一岁，始着笔著世界历史，纪述至十字军，世推为一代杰作。盖至九十一岁，遂弃浊世而归道山，兹作乃以不终。然其间著作之浩繁，几于汗牛充栋，而以罗马法皇史、普鲁士史、法国史、德国史、英国史为最著名。稽其一生事业，则惟始终罔懈，专从事于史学之研究，故能成稀世之名家，而遗后世以宏富之典籍，厥功盖其伟矣。是皆能自用其才、自择其宜者也。使此二子者，或则泯迹于市廛之间，或则驰心于荣显之位，则其所成，必无足称。此以知器身择业之不可不慎也。

盖尝论之，人之立志，无论其在为政论家抑为政治家，均不可不为相当之修养，知识其一也，诚笃其二也，勇气其三也。国家政治，丛杂万端，而社会上之生活现象，尤为变动不居，靡所轨范，倘知识不足以济其变，则凡一举手一投足，皆有穷于应付之感，勉强为之，不邻于鲁莽灭裂，则归于扞格难行而已。知识充矣，苟临事接物之际，无诚笃之精神以贯注之，或权谋数术以试其诈，或虚与委蛇以从其惰，若而人者，虽能欺饰于一时，不能信孚于有众；虽可敷衍于俄顷，不能贯彻乎初终，此亦政家之所忌也。诚笃备矣，而无百折不挠、独立不倚之勇气，以与艰难、诱惑相抗战，则亦终归于沮丧、堕落之途，不为境遇所征服而作艰难之俘虏，则为利害所迫诱而作势力之囚奴耳。此又涉乎节操问题矣，而此修养又当储备于平日，非可卒得于临时。古今来魁奇卓越之才何限，而以修养未充，一登论坛政社，抱负未展其万一，声华遽从而扫地，卒至身败名裂，为世僇笑者，固已实繁有徒矣。后有作者，其亦当知所戒惕乎！

署名：守常
《甲寅日刊》
1917年3月2日

我的马克思主义观（节选）

一

一个德国人说过，五十岁以下的人说他能了解马克思的学说，定是欺人之谈。因为马克思的书卷帙浩繁，学理深晦。他那名著《资本论》三卷，合计二千一百三十五页，其中第一卷是马氏生存时刊行的，第二、第三两卷是马氏死后他的朋友昂格思[1]替他刊行的。这第一卷和二、三两卷中间，难免有些冲突矛盾的地方，马氏的书本来难解，添上这一层越发难解了。加以他的遗著未曾刊行的还有很多，拼上半生的工夫来研究马克思，也不过仅能就他已刊的著书中，把他反复陈述的主张得个要领，究不能算是完全了解"马克思主义"的。我平素对于马氏的学说没有什么研究，今天硬想谈"马克思主

---

[1] 昂格思：今通译恩格斯。

义"已经是僭越的很。但自俄国革命以来,"马克思主义"几有风靡世界的势子,德、奥、匈诸国的社会革命相继而起,也都是奉"马克思主义"为正宗。"马克思主义"既然随着这世界的大变动,惹动了世人的注意,自然也招了很多的误解。我们对于"马克思主义"的研究,虽然极其贫弱,而自一九一八年马克思诞生百年纪念以来,各国学者研究他的兴味复活,批评介绍他的很多。我们把这些零碎的资料,稍加整理,乘本志出"马克思研究号"的机会,把他转介绍于读者,使这为世界改造原动的学说,在我们的思辨中,有点正确的解释,吾信这也不是绝无裨益的事。万一因为作者的知能谫陋,有误解马氏学说的地方,亲爱的读者肯赐以指正,那是作者所最希望的。

二

我于评述"马克思主义"以前,先把"马克思主义"在经济思想史上占若何的地位,略说一说。

由经济思想史上观察经济学的派别,可分为三大系,就是个人主义经济学、社会主义经济学与人道主义经济学。

个人主义经济学,也可以叫作资本主义经济学。三系中以此为最古。著《原富》的亚丹·斯密(Adam Smith)是这一系的鼻祖。亚丹·斯密以下,若马查士(Malthus)[1]、李嘉图(Ricardo)[2]、杰慕

---

[1] 马查士(Malthus):今通译马尔萨斯(1766—1824),英国经济学家与人口理论体系的创立者。

[2] 李嘉图(Ricardo):今通译李嘉图·大卫(1772—1823),英国古典政治经济学的代表人物。

士·穆勒（James Mill）[1]等，都属于这一系。把这一系的经济学发挥光大，就成了正系的经济学，普通称为正统学派。因为这个学派是在模范的资本家国的英国成立的，所以英国以外的学者也称他为英国学派。这个学派的根本思想是承认现在的经济组织为是，并且承认在此经济组织内，各个人利己的活动为是。他们以为现在的经济组织，就是个人营利主义的组织，是最巧最妙、最经济不过的组织。从生产一面讲，各人为自己的利益，自由以营经济的活动，自然努力以致自己的利益于最大的程度。其结果：社会全体的利益不期增而自增。譬如各人所有的资本，自然都知道把他由利益较少的事业，移到利益较多的事业上去。社会全体的资本，自然也都舍了那利益较少的事业，投到利益较多的事业上去。所以用不着什么政治家的干涉，自由竞争的结果，社会上资本的全量自然都利用到社会全体最有利的方面去。而事业家为使他自己的利益达于最大的程度，自然努力以使他自己制品全体的价增大，努力以求其商品全体的卖出额换回很多的价来。社会全体的富是积个人的富而成的。个人不断的为增加自己的富去努力，你这样作，他也这样作，那社会全体的富也不期增而日增了。再从消费一面讲，我们日用的一切物品，都不是在自己家内生产的，都是人家各自为营利、为商卖而生产的。自己要得一种物品：米、盐、酱、醋，乃至布匹、伞、屐、新闻、杂志之属，都不是空手向人家讨得来的。依今日的经济组织，都是各人把物卖钱，各人拿钱买货。各人按着自己最方便的法子去

---

[1] 杰慕士·穆勒（James Mill）：今通译穆勒·詹姆斯（1773—1836），英国历史学家、经济学家、哲学家。

活动，比较着旁人为自己代谋代办，亲切的多，方便的多，经济的多。总而言之，他们对于今日以各人自由求各自利益为原则的经济组织，很满足，很以为妥当。他们主张维持他，不主张改造他。这是个人主义经济学。也就是以资本为本位，以资本家为本位的经济学。

以上所述个人主义经济学，有二个要点：其一是承认现在的经济组织为是；其二是承认在这经济组织内，各个人利己的活动为是。社会主义经济学正反对他那第一点。人道主义经济学正反对他那第二点。人道主义经济学者以为无论经济组织改造到怎么好的地步，人心不改造仍是现在这样的贪私无厌，社会仍是没有改善的希望，于是否认经济上个人利己的活动，欲以爱他的动机代那利己的动机；不置重于经济组织改造的一方面，而置重于改造在那组织下活动的各个人的动机。社会主义经济学者以为现代经济上、社会上发生了种种弊害，都是现在经济组织不良的缘故，经济组织一经改造，一切精神上的现象都跟着改造，于是否认现在的经济组织，而主张根本改造。人道主义经济学者持人心改造论，故其目的在道德的革命。社会主义经济学者持组织改造论，故其目的在社会的革命。这两系都是反对个人主义经济学的，但人道主义者同时为社会主义者的也有。

现在世界改造的机运，已经从俄、德诸国闪出了一道曙光。从前经济学的正统，是在个人主义。现在社会主义、人道主义的经济学，将要取此正统的位系，而代个人主义以起了。从前的经济学，是以资本为本位，以资本家为本位。以后的经济学，要以劳动为本位，以劳动者为本位了。这正是个人主义向社会主义、人道主义过渡的时代。

马克思是社会主义经济学的鼻祖，现在正是社会主义经济学改造世界的新纪元，"马克思主义"在经济思想史上的地位如何重要，也就可以知道了。

本来社会主义的历史并非自马氏始的，马氏以前也很有些有名的社会主义者，不过他们的主张，不是偏于感情，就是涉于空想，未能造成一个科学的理论与系统。至于马氏才用科学的论式，把社会主义的经济组织的可能性与必然性，证明与从来的个人主义经济学截然分立，而别树一帜，社会主义经济学才成一个独立的系统，故社会主义经济学的鼻祖不能不推马克思。

三

"马克思主义"在经济思想史上的价值，既如上述，我当更进而就他的学说的体系略为大体的分析，以便研究。

马氏社会主义的理论，可大别为三部：一为关于过去的理论，就是他的历史论，也称社会组织进化论；二为关于现在的理论，就是他的经济论，也称资本主义的经济论；三为关于将来的理论，就是他的政策论，也称社会主义运动论，就是社会民主主义。离了他的特有的史观，去考他的社会主义，简直的是不可能。因为他根据他的史观，确定社会组织是由如何的根本原因变化而来的；然后根据这个确定的原理，以观察现在的经济状态，就把资本主义的经济组织，为分析的、解剖的研究，豫言现在资本主义的组织不久必移入社会主义的组织，是必然的运命；然后更根据这个豫见，断定实现社会主义的手段、方法仍在最后的阶级竞争。他这三部理论，都有不可分的关系，而阶级竞争说恰如一条金线，把这三大原理从根本上联络起来。所以他的唯物史观说："既往的历史都是阶级竞争的历史。"他的《资本论》也是首尾一贯的根据那"在今日社会组织下的资本阶级与工人阶级，被放在不得不仇视、不得不冲突的关系上"的思想立论。关于实际运动的手段，他也是主张除了诉于最后的阶级竞争，没有第二个再好的方法。为研究上便利起见，就他的学说各方面分别观察，大概如此。其实他的学说是完全自成一个有机的有系统的组织，都有不能分离不容割裂的关系。

四

请先论唯物史观。

唯物史观也称历史的唯物主义。他在社会学上曾经、并且正在表现一种理想的运动，与前世纪初，在生物学上发现过的运动，有些相类。在那个时候是用以说明各种形态学上的特征、关系的重要，志在得一个种的自然分类，与关于生物学上有机体生活现象更广的知识。这种运动既经指出那内部最深的构造，比外部明显的建造，若何重要，唯物史观就站起来反抗那些历史家与历史哲学家，把他们多年所推崇为非常重要的外部的社会构造，都列于第二的次序；而那久经历史家辈蔑视，认为卑微暧昧的现象的，历史的唯物论者却认为于研究这很复杂的社会生活全部的构造与进化，有莫大的价值。

历史的唯物论者观察社会现象，以经济现象为最重要，因为历史上物质的要件中，变化发达最甚的，算是经济现象。故经济的要件是历史上惟一的物质的要件。自己不能变化的，也不能使别的现象变化。其他一切非经济的物质的要件，如人种的要件、地理的要件等等，本来变化很少，因之及于社会现象的影响也很小，但于他那最少的变化范围内，多少也能与人类社会的行程以影响。在原始未开时代的社会，人类所用的劳作工具，极其粗笨，几乎完全受制于自然。而在新发见的地方，向来没有什么意味的地理特征，也成了非常重大的条件。所以历史的唯物论者，于那些经济以外的一切物质的条件，也认他于人类社会有意义，有影响。不过因为他的影响甚微，而且随着人类的进化日益减退，结局只把他们看作经济的要件的支流罢了。因为这个缘故，有许多人主张改称唯物史观为经济史观。

唯物史观，也不是由马氏创的。自孔道西（Condorcet）依着器械论的典型，想把历史作成一科学，而期发见出一普遍的力，把那变幻无极的历史现象，一以贯之，已竟开了唯物史观的端绪。故孔道西算是唯物史观的开创者。至桑西门（Saint-Simon）把经济的要素，比精神的要素看得更重。十八世纪时有一种想像说，说法兰西历史的内容不过是佛兰坎人[1]与加利亚人[2]间的人种竞争。他受了此说的影响，谓最近数世纪间的法国历史不外封建制度与产业的竞争，其争以大革命期达于绝顶。而产业初与君国制联合，以固专制的基

---

[1] 佛兰坎人：今通译佛拉芒人（Flamands）。今大多分布在比利时北部，居民主要讲荷兰语。

[2] 加利亚人：今通译加利西亚（Galicians）。为西班牙少数民族之一。

础，基础既成又扑灭王国制。产业的进步是历史的决定条件，科学的进步又为补助他的条件。Thierry[1]、Mignet[2] 及 Guizot[3] 辈继起，袭桑西门氏的见解，谓一时代的理想、教义、宪法等，毕竟不外当时经济情形的反映。关于所有权的法制，是尤其重要的。蒲鲁东[4] 亦以国民经济为解释历史的钥匙，信前者为因，后者为果。至于马氏用他特有的理论，把从前历史的唯物论者不能解释的地方，与以创见的说明，遂以造成马氏特有的唯物史观，而于从前的唯物史观有伟大的功绩。

唯物史观的要领，在认经济的构造对于其他社会学上的现象，是最重要的；更认经济现象的进路，是有不可抗性的。经济现象虽用他自己的模型，制定形成全社会的表面构造（如法律、政治、伦理及种种理想上、精神上的现象都是），但这些构造中的那一个也不能影响他一点。受人类意思的影响，在他是永远不能的。就是人类的综合意思，也没有这么大的力量。就是法律他是人类的综合意思中最直接的表示，也只能受经济现象的影响，不能与丝毫的影响于经济现象。换言之，就是经济现象只能由他一面与其他社会现象以影响，而不能与其他社会现象发生相互的影响，或单受别的社会现象的影响。

经济构造是社会的基础构造，全社会的表面构造，都依着他迁移变化。但这经济构造的本身，又按他每个进化的程级，为他那最

---

[1] Thierry：今通译梯叶里（1795—1856），法国浪漫主义史学的代表人物。

[2] Mignet：今通译米涅（1796—1884），法国历史学家。

[3] Guizot：今通译基佐（1787—1874），法国政治活动家、历史学家。

[4] 蒲鲁东（1809—1865）：法国小资产阶级社会主义者。

高动因的连续体式所决定。这最高动因，依其性质，必须不断的变迁，必然的与社会的经济的进化以诱导。

这最高动因究为何物，却又因人而异。Loria[1]所认为最高动因的，是人口的稠庶。人口不断的增加，曾经决定过去四个联续的根本状态，就是集合、奴隶所有、奴仆（Servile）、佣工。以后将次发生的现象，也该由此决定。马克思则以"物质的生产力"为最高动因：由家庭经济变为资本家的经济，由小产业制变为工场组织制，就是由生产力的变动而决定的。其他学者所认为最高动因的，又为他物。但他们有一个根本相同的论点，就是：经济的构造，依他内部的势力自己进化，渐于适应的状态中，变更全社会的表面构造，此等表面构造，无论用何方法，不能影响到他这一方面，就是这表面构造中最重要的法律，也不能与他以丝毫的影响。

有许多事实，可以证明这种观察事物的方法是合理的。我们晓得有许多法律，在经济现象的面前，暴露出来他的无能。十七八世纪间那些维持商业平准，奖励金块输入的商法，与那最近英国禁遏脱拉斯（Trust）的法律都归无效，就是法律的力量不能加影响于经济趋势的明证。也有些法律，当初即没有力量与经济现象竞争，而后来他所适用的范围，却自一点一点的减缩，至于乌有。这全是经济现象所自致的迁移，无与于法律的影响。例如欧洲中世纪时禁抑暴利的法律，最初就无力与那高利率的经济现象竞争，后来到了利润自然低落，钱利也跟着自然低落的时候，他还继续存在，但他始终没有一点效果。他虽然形式上在些时候维持他的存在，实际上久

---

[1] Loria：全名 Achille Loria（1857—1943），意大利经济学家。

已无用，久已成为废物。他的存在全是法律上的惰性，只足以证明法律现象远追不上他所欲限制的经济现象，却只在他的脚后一步一步的走，结局惟有服从而已。潜深的社会变动，惟依他自身可以产生，法律是无从与知的。当罗马帝国衰颓时代，一方面呈出奴隶缺乏，奴价腾贵的现象；一方面那一大部分很多而且必要的寄生阶级造成一个自由民与新自由民的无产阶级。他们的贫困日益加甚，自然渐由农业上的奴仆劳动、工业上的佣工劳动，生出来奴隶制度的代替，因为这两种劳动全于经济上有很多的便利。若是把废奴的事业全委之于当时的基督教人类同胞主义的理想，那是绝无效果的。十八世纪间英人曾标榜过一种高尚的人道主义的宗教。到了资本家经济上需要奴隶的时候，他们却把奴制输入到美洲殖民地，并且设法维持他。这类的事例不胜枚举，要皆足以证明法律现象只能随着经济现象走，不能越过他，不能加他以限制，不能与他以影响。而欲以法律现象奖励或禁遏一种经济现象的，都没有一点效果。那社会的表面构造中最重要的法律，尚且如此，其他如综合的理想等等，更不能与经济现象抗衡。

五

迄兹所陈是历史的唯物论者共同一致的论旨。今当更进而述马氏独特的唯物史观。

马氏的经济论，因有他的名著《资本论》详为阐发，所以人都知道他的社会主义系根据于一定的经济论的。至于他的唯物史观，因为没有专书论这个问题，所以人都不甚注意。他的《资本论》，虽然彻头彻尾以他那特有的历史观作基础，而却不见有理论的揭出他的历史观的地方。他那历史观的纲要，稍见于一八四七年公刊的《哲学的贫困》及一八四八年公布的《共产者宣言》。而以一定的公式表出他的历史观，还在那一八五九年他作的那《经济学批评》的序文中。现在把这几样著作里包含他那历史观的主要部分，节译于下，以供研究的资料。

（一）见于《哲学的贫困》中的：

"经济学者蒲鲁东氏，把人类在一定的生产关系之下制造罗纱、麻布、绢布的事情，理解的极其明瞭。可是这一定的社会关系，也和罗纱、麻布等一样，是人类的生产物，他还没有理解。社会关系与生产力有密切的连络。人类随着获得新生产力，变化其生产方法；又随着变化生产方法，——随着变化他们得生活资料的方法——他们全变化他们的社会关系。手臼造出有封建诸侯的社会。蒸汽制粉机造出有产业的资本家的社会。而这样顺应他们的物质的生产方法，以建设其社会关系的人类，同时又顺应他们的社会关系，以作出其主义、思想、范畴。"

（二）见于《共产者宣言》中的：

"凡以前存在的社会的历史都是阶级竞争的历史。希腊的自由民与奴隶，罗马的贵族与平民，中世的领主与农奴，同业组合的主人与职工，简单的说，就是压制者与被压制者。自古以来，常相反目，而续行或隐然，或公然不断的争斗，总是以全社会革命的变革，或以相争两阶级的共倒为结局的一切争斗。试翻昔时的历史，社会全被区别为种种身分者，社会的地位有多样的等差，这类现象我们殆到处可以发见。在古代罗马则有贵族、骑士、平民、奴隶；在中世则有封建诸侯、家臣、同业组合的主人、职工、农奴，且于此等阶级内更各分很多的等级。由封建的社会的崩坏，产出来的近世的社会，仍没把阶级的对立废止。他不过带来了新阶级、新压制手段、新争斗的形式，以代旧的罢了。

"可是到了我们的时代，就是有产者本位的时代，却把阶级的对立简单了。全社会越来越分裂为互相敌视的二大阵营，为相逼对峙的二大阶级：就是有产者与无产者。

"……依以上所述考之，资本家阶级所拿他作基础以至勃兴的生产手段及交通手段，是已经在封建社会作出来的。此等生产手段及交通手段的发展达于一定阶段的时候，封建的社会所依以营生产及交换的关系，就是关于农业及工业封建的组织，简单一句话就是封建的所有关系，对于已经发展的生产力，久已不能适应了。此等关系，现在不但不能奖励生产，却妨阻生产，变成了许多的障碍物。所以此等关系不能不被破坏，果然又被破坏了。

"那自由竞争就随着于他适合的社会及政治的制度，随着有产者阶级的经济的及政治的支配，代之而起了。

"有产者阶级，于其不满百年的阶级支配之下，就造出比合起所有过去时代曾造的还厚且巨的生产力。自然力的征服，机械、工业及农业上的化学应用，轮船、火车、电报，全大陆的开垦，河川的开通，如同用魔法唤起的这些人类——在前世纪谁能想到有这样的生产力能包容在社会的劳动里呢？

"把这样伟大的生产手段及交通手段，像用魔法一般唤起来的资本家的生产关系及交通关系，——资本家的所有关系——现代的资本家的社会，如今恰与那魔术师自念咒语唤起诸下界的力量，而自己却无制御他们的力量了的情事相等。数十年的工商史，只是现代的生产力，对于现代的生产关系，对于那不外有产者的生活条件及其支配力的所有关系，试行谋叛的历史。我们但举那商业上的恐慌——因隔一定期间便反复来袭，常常胁迫有产社会的全存在的商业恐慌——即足以作个证明。……有产者阶级颠覆封建制度的武器，今乃转而向有产者阶级自身。

"有产者阶级不但锻炼致自己于死的武器，并且产出去挥使那些武器的人——现代的劳动阶级、无产者就是。

"人人的观念、意见及概念，简单一句话，就是凡是属于人间意识的东西，都随着人人的生活关系，随着其社会的关系，随着其社会的存在一齐变化。这是不用深究就可以知道的。那思想的历史所证明的，非精神上的生产随着物质上的生产一齐变化而何？"

（三）见于《经济学批评》序文中的：

"人类必须加入那于他们生活上必要的社会的生产，一定的、必然的、离于他们的意志而独立的关系，就是那适应他们物质的生产力一定的发展阶段的生产关系。此等生产关系的总和，构成社会的经济的构造——法制上及政治上所依以成立的、一定的社会的意识形态所适应的真实基础——物质的生活的生产方法，一般给社会的、政治的及精神的生活过程，加上条件。不是人类的意识决定其存在，他们的社会的存在反是决定其意识的东西。

"社会的物质的生产力，于其发展的一定阶段，与他从来所在那里面活动当时的生产关系，与那不过是法制上的表现的所有关系冲突。这个关系，这样由生产力的发展形式变而为束缚。于是乎社会革命的时代来。巨大的表面构造的全部，随着经济基础的变动，或徐，或激，都变革了。

"当那样变革的观察，吾人非常把那在得以自然科学的论证的经济的生产条件之上所起的物质的变革，与那人类意识此冲突且至决战的，法制上、政治上、宗教上、艺术上、哲学上的形态，简单说就是观念上的形态，区别不可。想把那样变革时代，由其时代的意识判断，恰如照着一个人怎样想他自己的事，以判断其人一样，不但没有所得，（此处似有遗漏——编者注）意识这个东西宁是由物质生活的矛盾，就是存在于社会生产力与生产关系间的冲突，才能说明的。

"一社会组织，非到他的全生产力，在其组织内发展的一点余地也没有了以后，决不能颠覆去了。这新的，比从前还高的生产关系，在这个东西的物质的生存条件于旧社会的母胎内孵化完了以前，决不能产生出来。人类是常只以自能解决的问题为问题的。因为拿极正确的眼光去看，凡为问题的，惟于其解决所必要的物质条件已经存在，或至少也在成立过程中的时会，才能发生。

"综其大体而论，吾人得以亚细亚的、古代的、封建的及现代资本家的生产方法，为社会经济的组织进步的阶段。而在此中，资本家的生产关系，是社会的生产方法之采敌对形态的最后。——此处所谓敌对，非个人的敌对之意，是由各个人生活的社会的条件而生的敌对之意，——可是在资本家社会的母胎内发展的生产力，同时作成于此敌对的解决必要的物质条件。人类历史的前史，就以此社会组织终。"

（以上的译语，从河上肇博士。）

据以上所引，我们可以略窥马克思唯物史观的要领了。现在更把这个要领简单写出，以期易于了解。

马克思的唯物史观有二要点：其一是关于人类文化的经济的说明；其二即社会组织进化论。其一是说人类社会生产关系的总和，构成社会经济的构造。这是社会的基础构造。一切社会上政治的、法制的、伦理的、哲学的，简单说，凡是精神上的构造，都是随着经济的构造变化而变化。我们可以称这些精神的构造为表面构造。表面构造常视基础构造为转移，而基础构造的变动，乃以其内部促他自己进化的最高动因，就是生产力为主动；属于人类意识的东西，丝毫不能加他以影响，他却可以决定人类的精神、意识、主义、思想，使他们必须适应他的行程；其二是说生产力与社会组织有密切的关系。生产力一有变动，社会组织必须随着他变动。社会组织即社会关系，也是与布帛菽粟一样，是人类依生产力产出的产物。手臼产出封建诸侯的社会，蒸汽制粉机产出产业的资本家的社会。生产力在那里发展的社会组织，当初虽然助长生产力的发展，后来发展的力量到那社会组织不能适应的程度，那社会组织不但不能助他，反倒束缚他、妨碍他了。而这生产力虽在那束缚他、妨碍他的社会组织中，仍是向前发展不已。发展的力量愈大，与那不能适应他的社会组织间的冲突愈迫，结局这旧社会组织非至崩坏不可。这就是社会革命。新的继起，将来到了不能与生产力相应的时候，他的崩坏亦复如是。可是这个生产力，非到在他所活动的社会组织里，发展到无可再容的程度，那社会组织是万万不能打破。而这在旧社会组织内，长成他那生存条件的新社会组织，非到自然脱离母胎，有了独立生存的运命，也是万万不能发生。恰如孵卵的情形一样，人为的助长，打破卵壳的行动，是万万无效的，是万万不可能的。

以上是马克思独特的唯物史观。

六

与他的唯物史观很有密切关系的，还有那阶级竞争说。

历史的唯物论者，既把种种社会现象不同的原因，总约为经济的原因，更依社会学上竞争的法则，认许多组成历史明显的社会事实，只是那直接，间接，或多，或少，各殊异阶级间团体竞争所表现的结果。他们所以牵入这竞争中的缘故，全由于他们自己特殊经济上的动机。由历史的唯物论者的眼光去看，十字军之役也含着经济的意味。当时繁盛的意大利共和国中，特如 Venice[1] 的统治阶级，实欲自保其东方的繁富市场。宗教革新的运动，虽然戴着路德的名义，其时的民众中，也似乎有一大部分是意在免去罗马用种种方法征课的重税（那最后有道理的赎罪符也包在内）。基督教的传布，也是应无产阶级的要求作一种实际的运动。把首都由罗马迁至 Byzantium（就是现在的康士坦丁堡），与那定基督教为官教，也是经济的关系。这两件事都是为取罗马帝国从来的重心而代之。因为当时的中产阶级，实为东方富有财势的商贾阶级，势力很厚。他们和那基督教的无产阶级相合，以与罗马寄生的贵族政治分持平衡的势力，而破坏之。法国大革命也全是因为资本家的中级势力，渐渐可以压迫拥有土地的贵族，其间的平衡久已不固，偶然破裂，遂有这个结果。就是法国历史上迭起层兴的政治危机，单由观念学去研究终于神秘难解。像那拿破仑派咧，布尔康家正统派咧，欧尔林家派咧，共和党咧，平民直接执政党咧，他们背后都藏着很复杂的经济意味。不过打着这些旗帜互相争战，以图压服他的反对阶级，而保自己阶级经济上的利益就是了。这类的政治变动，由马克思解释，其根本原因都在殊异经济阶级间的竞争。我们看那马克思与昂格思的《共产者宣言》中"从来的历史都是阶级竞争的历史"的话，马克思在他的《经济学批评》序文中，也说"从来的历史尽是在阶级对立——固然在种种时代呈种种形式——中进行的"，就可以证明他的阶级竞争说，与他的唯物史观有密切关系了。

就这阶级竞争的现象，我们可以晓得，这经济上有共同利害自

---

[1] Venice：威尼斯。

觉的社会团体，都有毁损别的社会团体以增加自己团体利益的倾向。这个倾向，斯宾塞[1]谓是本于个人的利己心。他在《社会学研究》中说："个人的利己心引出由他们作成的阶级的利己心，于分别的努力以外，还要发生一种协同的努力，去从那社会活动的总收入中，取些过度的领分。这种综合的倾向，在每阶级中这样发展，必须由其他诸阶级类似的综合的倾向来维持其平衡。"由此以观，这阶级竞争在社会的有机体中，恰与 Wilhelm Roux[2] 所发见的"各不同的部分官能组织细胞间的竞争，在各有机体中进行不已"的原则相当。宇宙间一切生命都向"自己发展"（Self-expansion）活动不已。"自己发展"是生物学上、社会学上一切有机的进化全体根本的动机，是生物界普遍无敌的倾向。阶级竞争是这种倾向的无量表现与结果中的一个。而在马克思则谓阶级竞争之所由起，全因为土地共有制崩坏以后，经济的构造都建在阶级对立之上。马氏所说的阶级，就是经济上利害相反的阶级，就是有土地或资本等生产手段的有产阶级，与没有土地或资本等生产手段的无产阶级的区别；一方是压服他人，掠夺他人的，一方是受人压服，被人掠夺的。这两种阶级，在种种时代，以种种形式表现出来。亚细亚的、古代的、封建的、现代资本家的，这些生产方法出现的次第，可作经济组织进化的阶段，而这资本家的生产方法，是社会的生产方法中采敌对形式的最后。阶级竞争也将与这资本家的生产方法同时告终。至于社会为什么呈出

---

[1] 斯宾塞：全名为赫伯特·斯宾塞（Herbert Spencer，1820—1903），英国哲学家、社会学家。

[2] Wilhelm Roux：今通译卢克斯（1850—1924），德国动物学家，现代实验胚胎学创始人。

阶级对立的现象呢？马氏的意见以为全是因为一个社会团体，依生产手段的独占，掠夺他人的余工余值的原故。但这两种阶级，最初不过对于他一阶级，可称一个阶级，实则阶级的本身还没有成个阶级，还没有阶级的自觉。后来属于一阶级的，知道他们对于别的阶级，到底是立于不相容的地位，阶级竞争是他们不能避的运命，就是有了阶级的自觉，阶级间就起了竞争。当初只是经济的竞争，争经济上的利益，后来更进而为政治的竞争，争政治上的权力，直至那建在阶级对立上的经济的构造自己进化，发生了一种新变化为止。这样看来，马氏并非承认这阶级竞争是与人类历史相终始的，他只把他的阶级竞争说应用于人类历史的前史，不是通用于过去、现在、未来的全部。与其说他的阶级竞争说是他的唯物史观的要素，不如说是对于过去历史的一个应用。

七

马氏的唯物史观及其阶级竞争说，既已略具梗概，现在更把对于其说的评论，举出几点，并述我的意见。

马氏学说受人非难的地方很多，这唯物史观与阶级竞争说的矛盾冲突，算是一个最重要的点。盖马氏一方既确认历史——马氏主张无变化即无历史——的原动为生产力；一方又说从来的历史都是阶级竞争的历史，就是说阶级竞争是历史的终极法则，造成历史的就是阶级竞争。一方否认阶级的活动，无论是直接在经济现象本身上的活动，是间接由财产法或一般法制上的限制，常可以有些决定经济行程的效力；一方又说阶级竞争的活动，可以产出历史上根本的事实，决定社会进化全体的方向。Eugenio Rignano[1] 驳他道："既认各阶级间有为保其最大经济利益的竞争存在，因之经济现象亦自可以随这个或那个阶级的优越，在一方面或他一方面受些限制，又说经济的行程像那天体中行星的轨道一样的不变，从着他那不能免的进路前进，人类的什么影响都不能相加。那么那主要目的在变更经济行程的阶级竞争，因为没有什么可争，好久就不能存在了。在太阳常行的轨道上，有了一定的变更，一定可以贡献很大的经济利益于北方民族，而大不利于南方民族。但我想在历史纪录中，寻找一种族或一阶级的竞争，把改变太阳使他离了常轨作目的的，是一件无益的事。"这一段话可谓中了要扼。不过这个明显的矛盾，在马氏学说中，也有自圆的说法。他说自从土地共有制崩坏以来，经济的构造都建立在阶级对立之上。生产力一有变动，这社会关系也跟着变动。可是社会关系的变动，就有赖于当时在经济上占不利地位的阶级的活动。这样看来，马氏实把阶级的活动归在经济行程自然的变化以内。但虽是如此说法，终觉有些牵强矛盾的地方。

这全因为一个学说最初成立的时候，每每陷于夸张过大的原故。但是他那唯物史观，纵有这个夸张过大的地方，于社会学上的进步，究有很大很重要的贡献。他能造出一种有一定排列的组织，能把那从前各自发展不相为谋的三个学科，就是经济、法律、历史，联为一体，使他现在真值得起那社会学的名称。因为他发现那阶级竞争

---

[1] Eugenio Rignano：今通译欧金尼奥·里尼亚诺（1870—1930），意大利学者。

的根本法则；因为他指出那从前全被误解或蔑视的经济现象，在社会学的现象中是顶重要的；因为他把于决定法律现象有力的部分归于经济现象，因而知道用法律现象去决定经济现象是逆势的行为；因为他借助于这些根本的原则，努力以图说明过去、现在全体社会学上的现象。就是这个，已足以认他在人类思想有效果的概念中，占优尚的位置，于学术界思想界有相当的影响。小小的瑕疵，不能掩了他那莫大的功绩。

有人说，历史的唯物论者以经济行程的进路为必然的、不能免的，给他加上了一种定命的彩色，后来马克思派的社会党，因为信了这个定命说，除去等着集产制自然成熟以外，什么提议也没有，什么活动也没有，以致现代各国社会党都遇见很大的危机。这固然可以说是马氏唯物史观的流弊，然自马氏与昂格思合布《共产者宣言》，大声疾呼，檄告举世的劳工阶级，促他们联合起来，推倒资本主义，大家才知道社会主义的实现，离开人民本身，是万万作不到的，这是马克思主义一个绝大的功绩。无论赞否马氏别的学说的人，对于此点，都该首肯。而在《社会主义者评论》（Socialist Review）第一号揭载的昂格思函牍中，昂氏自己说，他很喜欢看见美国的工人，在于政治信条之下，作出一种组织，可见他们也并不是坐待集产制自然成熟，一点不去活动的。而在别一方面，也可以拿这社会主义有必然性的说，坚人对于社会主义的信仰，信他必然发生，于宣传社会主义上，的确有如耶教福音经典的效力。

历史的唯物论者说经济现象可以变更法律现象，法律现象不能变更经济现象，也有些人起了疑问。历史的唯物论者既承认一阶级的团体活动，可以改造经济组织，那么一阶级的团体活动，虽未至能改造经济组织的程度，而有时亦未尝没有变更经济行程趋势的力量。于此有个显例，就是现代劳工阶级的联合活动，屡见成功，居然能够屈服经济行程的趋势。这种劳工结合，首推英国的工联（Trade unions）为最有效果，他们所争在增加劳银。当时经济现象的趋势是导工人于益困益卑的地位，而工联的活动竟能反害为利。大战起来以后，工联一时虽停止活动，战事既息，他们又重张旗鼓。听说铁路人员总会、交通劳动者（专指海上劳动者）联合会和矿夫联合会三种工联联合起来，向政府及资本家要求种种条件，声势甚猛（参照《每周评论》第三十三号欧游记者明生君通信），将来的效果必可更大。这自觉的团体活动，还没有取得法律的性质，已经证明他可以改变经济现象的趋势，假使把这种活动的效力，用普通法律，或用那可以塞住经济现象全进路的财产法，保障起来，巩固起来，延长他那效力的期间，他那改变经济现象趋势的效力，不且更大么？试把英、法二国的土地所有制比较来看：在英国则诺曼的侵略者及其子孙，依战胜余威，获据此全土，而与其余人口相较，为数甚少，故利在制定限嗣财产制与脱拉斯制，以保其独占权，结果由此维持住大地产制。在法国则经数世纪的时间，贵族及僧侣阶级的财产为革命的中产阶级所剥夺，这剥夺他们的中级人民人口的数，又占全体的大部，故利在分割而不在独占，适与英国的诺曼侵略者及其子孙相反，于是中级人民催着通过特别遗书遗产法，以防大财产制的再见。他们二国的财产法和防遏或辅助田间经济现象趋势的法制，这样不同，所以导他们经济的表现与进化于不同的境界。一则发生很大的领地财产、隐居主义、为害田禾的牧业、全国的人口减少、农村人口的放逐与财富的分配极不平均种种现象。一则发生土地过于割裂、所有者自治其田畴、强盛的农业、节俭之风盛行、分配平均种种现象。这样看来，经济现象和法律现象，都是社会的原动力，他们可以互相影响，都于我们所求的那正当决定的情状有密切的关系。那么，历史的唯物论者所说经济现象有不屈不挠的性质，就是团体的意思、团体的活动，在他面前都得低头的话，也不能认为正确了。但是此等团体的活动，乃至法律，仍是在那可以容他发生的经济构造以上的现象，仍是随着经济的趋势走的，不是反着经济的趋势走的。例如现代的经济现象，一方面劳工阶级的生活境遇日趋于困难；一方面益以促其阶级的自觉，益增其阶级活动的必要，益使其活动的效果足以自卫。这都是现在资本主义制下自然的趋势，应有的现象，不能作足以证明法律现象可以屈抑经济趋势的理据；与其说是团体行动，或法律遏抑经济趋势的结果，毋宁说是经济本身变化的行程。英、法二国财产制之著效，也是在他们依政治的势力，在经济上得占优势，得为权力阶级以后的事，也全是阶级竞争的结果。假使在英国当时定要施行一种防遏大地产制的法律，在法国当时定要施行一种禁抑小财产制的法律，恐怕没有什么效果。在经济构造上建立的一切表面构造，如法律等，不是绝对的不能加些影响于各个的经济现象，但是他们都是随着经济全进路的大势走的，都是辅助着经济内部变化的，就是有时可以抑制各个的经济现象，也不能反抗经济全进路的大势。我们可以拿团体行动、法律、财产法三个联续的法则，补足阶级竞争的法则，不能拿他们推翻马氏唯物史观的全体。

有许多人所以深病"马克思主义"的原故，都因为他的学说全把伦理的观念抹煞一切，他那阶级竞争说尤足以使人头痛。但他并不排斥这个人高尚的愿望，他不过认定单是全体分子最普通的伦理特质的平均所反映的道德态度，不能加影响于那经济上利害相同自觉的团体行动。我们看在这建立于阶级对立的经济构造的社会，那社会主义伦理的观念，就是互助、博爱的理想，实在一天也没有消灭，只因有阶级竞争的经济现象，天天在那里破坏，所以总不能实现。但这一段历史，马氏已把他划入人类历史的前史，断定他将与这最后的敌对形式的生产方法，并那最后的阶级竞争一齐告终。而马氏所理想的人类真正历史，也就从此开始。马氏所谓真正历史，就是互助的历史，没有阶级竞争的历史。近来哲学上有一种新理想主义出现，可以修正马氏的唯物论，而救其偏蔽。各国社会主义者，也都有注重于伦理的运动、人道的运动的倾向，这也未必不是社会改造的曙光，人类真正历史的前兆。我们于此可以断定，在这经济构造建立于阶级对立的时期，这互助的理想、伦理的观念，也未曾有过一日消灭，不过因他常为经济构造所毁灭，终至不能实现。这是马氏学说中所含的真理。到了经济构造建立于人类互助的时期，这伦理的观念可以不至如从前为经济构造所毁灭。可是当这过渡时代，伦理的感化，人道的运动，应该倍加努力，以图划除人类在前史中所受的恶习染，所养的恶性质，不可单靠物质的变更。这是马氏学说应加救正的地方。

我们主张以人道主义改造人类精神，同时以社会主义改造经济组织。不改造经济组织，单求改造人类精神，必致没有效果；不改造人类精神，单等改造经济组织，也怕不能成功。我们主张物心两面的改造，灵肉一致的改造。

总之，一个学说的成立，与其时代环境，有莫大的关系。马氏的唯物史观，何以不产生于十八世纪以前，也不产生于今日，而独产生于马氏时代呢？因为当时他的环境，有使他创立这种学说的必要和机会。十八世纪以前的社会政治和宗教的势力，比经济的势力强，所谓社会势力从经济上袭来的很少。因为原始社会的经济组织是仅求自足的靠着自然的地方居多，靠着人力的地方还少，所以宗教和政治的势力较大。譬如南美土人，只伸出一张口，只等面包树、咖啡树给他吃喝，所以他们只有宗教的感谢，没有经济的竞争。到了英国产业革命后的机械生产时代，人类脱离自然而独立，达到自营自给的经济生活，社会情形为之一变，宗教政治的势力全然扫地，经济势力异军苍头特起，支配当时的社会了。有了这种环境，才造成了马氏的唯物史观。有了这种经济现象，才反映以成马氏的学说主义。而马氏自己却忘了此点。平心而论，马氏的学说，实在是一个时代的产物；在马氏时代，实在是一个最大的发见。我们现在固然不可拿这一个时代、一种环境造成的学说，去解释一切历史，或者就那样整个拿来，应用于我们生存的社会，也却不可抹煞他那时代的价值，和那特别的发见。十字军之役，固然不必全拿那历史的唯物论者所说，全是经济的意味去解释，但当那僧侣彼得煽动群众营救圣墓的时候，彼得与其群众虽然没有经济的意味参杂其间，或者纯是驱于宗教的狂信，而那自觉的经济阶级，实在晓得利用这无意识的反动，达他们有意识的经济上的目的。从前的历史家，完全把经济的意味蔑视了，也实未当。我们批评或采用一个人的学说，不要忘了他的时代环境和我们的时代环境就是了。

八、九、十（略）

十一

　　宗马氏的说，入十六世纪初期，才有了资本。因为他所谓资本，含有一种新意义，就是指那些能够生出使用费的东西。这个使用费，却不是资本家自己劳力的结果，乃是他人辛苦的结果。由此意义以释"资本"，十六世纪以前，可以说并没有资本与资本家。若本着经济上的旧意义说资本单是生产的工具，那么就是十六世纪以前，也何尝没有他存在？不过在那个时代，基尔特制（Guild system）下的工人，多半自己有自己的工具，与马氏用一种新意义解释的资本不同。

　　马氏根据他那"社会组织进化论"，发见这种含有新意义的资本，渐有集中的趋势，就构成了他的"资本集中论"。

　　请述他的"资本集中论"的要旨。近代科学勃兴，发明了许多重要机械，致人类的生产力著见增加，从前的社会组织，不能供他回翔，封建制度的遗迹，遂全被废灭。代他而起的，乃为近代的国家。于是添了许多新的交通手段，辟了许多新的市场。这种增大的生产力，得了适应他的社会组织，得了适应他的新市场。随着公债的成立，又发生了好多的银行和商业公司，更足助进产业界的发展。从前的些小工业都渐渐的被大产业压倒，也就渐渐的被大产业吸收了。譬如 Trusts 与 Cartels[1] 这些组织，在马氏当时，虽未发生，到了现在，却足作马氏学说的佐证。这 Trusts 与 Cartels 的组织，不止吸收小独立产主，并且把中级产主都吸收来，把资本都集中于一处，聚集在少数人的手中。于是产业界的权威，遂为少数资本家所垄断。

上节所说，是资本家一方面的情形。工人这一方面呢？因受这种新经济势力的压迫，不能不和他们从前的财产断绝关系，不能不出卖他自己的劳力，不能不敲资本家的大门卖他自己的人身。因为他们从前卖自己手造的货品的日子过去了，封建制度和基尔特制度的遗迹都消灭了，他们不卖自己的筋力别无东西可卖了！这些工人出卖的劳力，可以产出很多的余值，一班资本家又能在公开市场里自由购买，这真是资本家们创造新样财产的好机会。但是这种新样财产的造成，全是基于别人的汗血，别人的辛苦。他们新式财产之成功，就是从前基于自己劳力而成的旧式财产之破灭。少数资本家的工厂，就是多数无产阶级的大营。从前的有产阶级，为了这个事业，不知费了多少心力，奔走呼号了三世纪之久，他们所标榜的"人权"、"工人自由"的要求，正是他们胜利的凯歌。因为他们要想在市场里收买这种便宜货品，必须使这些工人脱离以前的关系，能够自由有权以出售他自己。他们的事业成功了，工人的运命也就沉落在地底了！

资本主义是这样发长的，也是这样灭亡的。他的脚下伏下了很多的敌兵，有加无已，就是那无产阶级。这无产阶级本来是资本主

---

[1] Cartels：今通译卡特尔，国际垄断联合的一种组织。

义下的产物，到后来灭资本主义的也就是他。现今各国经济的形势，大概都向这一方面走。大规模的产业组织的扩张，就是大规模的无产阶级的制造。过度生产又足以缩小市场，市场缩小，就是工人超过需要，渐渐成了产业上的预备军，惟资本家之命是听，呼之来便来，挥之去便去。因为小产主的消灭与牧业代替农业的结果，农村的人口也渐集中于都市，这也是助长无产阶级增长的一个原因。无产阶级愈增愈多，资本愈集中，资本家的人数愈少。从前资本家夺取小手工小产业的生产工具，现在工人要夺取资家的生产工具了。从前的资本家收用手工和小产业的生产工具，是以少数吸收多数、压倒多数，现在工人收用资本家的生产工具，是以多数驱逐少数，比从前更容易了。因为无产阶级的贫困，资本家在资本主义下已失救济的能力，阶级的竞争因而益烈。竞争的结果，把这集中的资本收归公有，又是很简单的事情。"善泅者死于水，善战者死于兵。"凡物发达之极，他的发展的境界，就是他的灭亡的途径。资本主义趋于自灭，也是自然之势，也是不可免之数了。从前个人自有生产工具，所以个人生产的货品当归私有，现在生产的形式已经变为社会的，这分配的方法，也该随着改变应归公有了。资本主义的破坏，就是私有财产制的破坏。因为这种财产，不是由自己的劳工得来的，是用资本主义神秘的方法掠夺他人的辛苦得来的，应该令他消灭于集产制度之下，在资本主义未行以前，个人所有的财产，的确是依个人的劳工而得的。现在只能以社会的形式令这种制度的精神复活，不能返于古昔个人的形式了。因为在这大规模的分工的生产之下，再复古制是绝对不可能。只能把生产工具由资本家的手中夺来，仍以还给工人，但是集合的，不是个人的，使直接从事生产的人得和他劳工相等的份就是了。到了那时，余工余值都随着资本主义自然消灭了。

以上系马氏"经济论"的概要，本篇暂结于此。

署名：李大钊
《新青年》第6卷第5、6号
1919年10月11日

物质变动与道德变动

一

近几年来常常听关心世道人心的人，谈到道德问题。有的人说现在旧道德已经破灭，新道德尚未建设，这个青黄不接人心荒乱的时候真正可忧。有的人说，别的东西或者有新旧，道德万没有新旧。又有人说，大战以后欧洲之所应为一面开新，一面必当复旧，物质上开新之局或急于复旧，而道德上复旧之必要必甚于开新。这些话都很可以启发我的研究兴味，我于是想用一番严密的思索去研究这道德问题。

我当研究道德问题的时候，发了几个疑问：第一问，道德是甚么东西？第二问道德的内容是永久不变的，还是常常变化的？第三问，道德有没有新旧？第四问，道德与物质是怎样的关系？

以上诸问，都是从希腊哲学以来没有解决的问题，因为解决这个问题是一件很不容易的事情。但是道德心的存在却是极明瞭的事实,不能不承认的。我们遇见种种事体在我们心中自然而然发出一种有权威的声音,说这是善或是恶,我们只有从着这种声音的命令往善这一方面走,往光明一方面走,自然作出"爱他"、"牺牲"等等的行为。在这有权威的声音指挥之下,"忠信"、"正直"、"公平"诸种德性都能表现于我们身上。我们若是不听从他,我们受自己良心的责斥,我们自己若作了恶事,就是他人不知,我们也自觉悔悟,自感羞耻,全因为我们心中有道德心的要求,义务的要求。这自然发现、自有权威的点就是道德的特质。自然科学哪、法律哪、政治哪、宗教哪、哲学哪,都是学而后能知的东西,决不是自然有权威的东西。惟有道德,才是这样自然有权威的东西。

但是这道德心究竟是怎样发生出来的呢?有人归之于个人的经验;有人归之于教育;有人归之于习惯礼俗;有人归之于求快乐、求幸福的念望;又有人归之于精练的利己心,或对于他人的同情心。这些都不能说明人心中的声音——牺牲自己爱他人的行为。

道德这个东西,既是无论如何由人间现实的生活都不能说明,于是就有些人抛了地上的生活、人间的生活,逃入宗教的灵界,因为宗教是一个无知的隐遁地方。在超自然的地方,在人间现实生活以外的地方,求道德的根源,就是说,善心是神特地给人间的,恶心是由人间的肉欲生的,是由物质界生的,是由罪业生的。本来善恶根源的不可解,就是宗教发生的一个原因。人类对于自然界或人间现象不能理解的地方,便归之于神。道德心、善恶心的不可思议,也苦过很多的哲人。这些哲人也都觉得解释说明这不可思议的现象非借重神灵不可,所以柏拉图、康德之流都努力建设超自然的灵界。

直到十九世纪后半，这最高道德的要求之本质才有了正确的说明。为此说明的两位学者就是达尔文与马克思。达尔文研究道德之动物的起源，马克思研究道德之历史的变迁。道德的种种问题至此遂得了一个解决的方法。

二

我们先用达尔文的"进化论"解答道德是什么的问题。

人类的道德心不是超自然的，也不是神赐的，乃是社会的本能。这社会的本能，也不是人类特有的，乃是动物界所同有的。有些人类以外的动物，虽依动物的种类，依其生活状态的差异，社会的本能也有种种的差异，但是他们因为生存竞争，与其环周的自然抗战，也都有他们社会的本能。占生物界一大群合的动物生存竞争、天然淘汰的结果，使他们诸种本能——若自发运动，若认识能力，若自己保存，若种族蕃殖，若母爱本能等等——日渐发达。社会的本能也和这些本能有同一的渊源，为同一的发展。而在有社会的共同生活的动物，像那一种的肉食兽、很多的草食兽、反嚼兽、猿猴等类，社会的本能尤其发达。人类也和上举诸兽相同，非为社会的共同生活，则不能立足于自然界。故人类之社会的本能也很发达。

社会的本能也有多种。有几种社会的本能确是社会生活存续的必要条件，没有这种本能，社会生活，无论如何，不能存续。这种本能，在不与人类一样为社会的结合便不能生活的动物种属间，也颇发达。这种本能果为何物呢？第一就是为社会全体而舍弃自己的牺牲心。若是群居的动物没有这种本能，各自顾各自的生活，不肯把社会全体放在自己以上，他的社会必受环周的自然力与外敌的压迫而归于灭亡。譬如一群水牛为虎所袭的时候，其中各个分子如没有为一群全体死战的决心，各自惜命纷纷逃散，那水牛的群合必归灭亡。故自己牺牲，在这种动物的群合，是第一不可缺的社会的本能。在人类社会也是如此。此外还有拥护共同利益的勇气，对于社会的忠诚，对于全体意志的服从，顾恤毁誉褒贬的名誉心，都是社会的本能，都曾发见于动物社会极高度的发达的也很多。这些社会的本能和那被称为至高无上灵妙不可思议的人类道德，全是一个东西。但是"公平"这一样道德，在动物界恐怕没有。因为在动物的社会里，虽有天然生理上的不平等，却没有由社会的关系生出的不平等，从而没有要求社会的平等之必要，也没有公平这一样道德存在的理由。所以公平只是人类社会特有的道德。

这样看来，道德原来是动物界的产物。人类的道德，从人类还不过是一种群居的动物时代，就是还没有进化到现今的人类时代，既已存在。人类为抵抗他的环境，适应他的周围，维持他的生存，不能不靠着多数的协力，群合的互助，去征服自然。这协力互助的精神，这道德心，这社会的本能，是能够使人类进步的，而且随着人类的进步，他的内容也益为发达。

因为人类的道德心，从最古的人类生活时代，既是一种强烈之社会的本能，在人人心中发一种有权威的声音，到了如今我们的心中仍然有此声响，带着一种神秘的性质，不因外界何等的刺激，不因何等的利害关系，他能自然挟着权威发动出来。他那神秘的性质和性欲的神秘、母爱的神秘、牺牲心的神秘、乃至其他生物界一般的神秘是一样的东西，绝不是超自然的力，绝不是神的力。

正惟道德心是动物的本能，和自己保存、种族蕃殖等本能有同一的根源，所以才有使我们毫不踌躇、立即听从的力量，所以我们遇见什么事情才能即时判断他的善恶邪正，所以我们才于我们的道德判断有强大的确信力，所以探求他的活动的理法，分解他，说明他，愈颇困难。

明白了这个道德，"义务"是什么，"良心"是什么，也都可以明白了。所谓义务，所谓良心，毕竟是社会的本能的呼声。然"自己保存"的本能、"种族蕃殖"的本能也有与此呼声同时发生的时候。在这个时候，这二种本能常常反抗社会的本能，结果这二种本能或得相当的满足，可是这不过是暂时的现象，不久归于镇静，社会的本能发出更强的声音，就是愧悔的一念。有人以良心为对于共同生活伴侣间的恐怖——就是对于同类所与的摈斥或刑罚的恐怖——之声音。但是大错了。良心之起，于对他人全不知觉的事也起，对于四围的人都夸奖赞叹的事也起，甚至对于因为对于同类及同类间的舆论的恐怖而作的行为也起。可见良心的威力全系自发的，非因被动的。至于舆论的褒贬固然也是确与人的行为以很大影响的要素，然舆论所以能有影响的原故，全因为豫先有一种名誉心的社会的本能存在。舆论怎样督责，假使没有注意褒贬的名誉心的社会的本能，当不能有什么影响。舆论作出社会的本能以外的事，是作不到的。

依了这样说明，我们可以晓得道德这个东西不是超自然的东西，不是超物质以上的东西，不是凭空从天上掉下来的东西。他的本原不在天神的宠赐，也不在圣贤的经传，实在我们人间的动物的地上的生活之中。他的基础就是自然，就是物质，就是生活的要求。简单一句话，道德就是适应社会生活的要求之社会的本能。

三

达尔文的理论可以把道德的本质阐发明白了。可是道德何以因时因地而生种种变动？以何缘故社会的本能之活动发生种种差别？说明这个道理，我们要用马克思一派的唯物史观了。

马克思一派唯物史观的要旨，就是说：人类社会一切精神的构造都是表层构造，只有物质的经济的构造是这些表层构造的基础构造。在物理上物质的分量和性质虽无增减变动，而在经济上物质的结合和位置则常常变动。物质既常有变动，精神的构造也就随着变动。所以思想、主义、哲学、宗教、道德、法制等等不能限制经济变化、物质变化，而物质和经济可以决定思想、主义、哲学、宗教、道德、法制等等。

我们先说宗教与哲学。一切宗教没有不受生产技术进步的左右的，没有不随着他变迁的。上古时代，人类的生产技术还未能征服自然力，自然几乎完全支配人类，人类劳作的器具，只是取存于自然界的物质原形而利用之，还没有自制器具的知识和能力。那时的人类只是崇拜自然力，太阳、天、电光、火、山川、草木、动物等，人类都看作最重要的物件，故崇拜之为神灵。拜火拜物诸教均发生于此时。直到现在，蛮人社会还是如此。纽基尼亚人[1]奉一种常食的椰子为神，认自己的种族是从椰子生下来的，就是一个显例。

---

[1] 纽基尼亚人：今通译纽利人（Nyukon），非洲乌干达的少数民族之一。

后来生产技术稍稍进步，农业渐起，军人、宗祝[1]这一类的人渐握权力，从前受制于自然，现在受制于地位较高的人类了。因为这时的社会已经分出治者与被治者阶级，这时的宗教又生一大变化。从前是崇拜自然物的原形，现在是把自然物当作一个有力的人去崇拜他了。在希腊何美尔（Homer）[2]的诗中所表现的神，都是男女有力的君长，都是智勇美爱的化身。因为生产技术与人以权力的结果，自然神就化为伟大的人了。后来希腊人的生产技术益有进步，商工勃兴，智勇美爱肉体的属性又失了重大的位置，有神变不可思议的万能力的乃在精神。因为在商业竞争的社会里，人类的精神是最重大的要素，计算数量的也是他，创作新发明的也是他，营谋利益的也是他，精神实是那时商业社会人类生活的中心。故当时哲家若梭格拉的[3]，若柏拉图，都说自然界久已不足引我们的注意了，引我们注意的只是思想上及精神上的现象。这种变迁明明白白是生产技术进步的结果。但是人类精神里有很多奇妙不可思议的现象，就像道德心是什么东西，善恶的观念是从何发生，柏拉图诸哲家也不能解释。由自然界的知识与经验不能说明，结局仍是归之于神，归之于天界。故当时多数人仍把道德的精神认作神，认他有超自然的渊源。

各国分立，经济上政治上全不统一的时代——就是各国还未组成一个大商业社会的时代——尚有多神及自然神存在的余地。自希腊之世界的商业发达以来，罗马竟在地中海沿岸的全部建一商业的

---

[1] 宗祝：主祭祀之官。

[2] 何美尔（Homer）：今通译荷马（Homeros），古希腊诗人。

[3] 梭格拉的：今通译苏格拉底（公元前469—前399），古希腊著名哲学家。

世界帝国。这种经济上的变动反映到当时思想上，遂以惟一精神的神说明当时的全世界及存于其中的疑问，使所有的自然神全归于消灭。驱逐这些自然神的固然是柏拉图及士多亚派[1]哲学上的一神论，而一神论的背景，毕竟是当时罗马的具有绝大威力的生产技术，罗马的商业交通，罗马的商业大社会。

到了罗马帝政时代，大经济组织、大商业社会正要崩坏的时候，恰有一种适合当时社会关系的一神教进来，就是耶稣教了。耶稣教把希腊原来的一神论吸收进去，把所有的势力归于一个精神，归于一个神。

罗马商业的大社会崩坏之后，从前各个分立的自然经济又复出现。中世纪的经济组织次第发展，耶稣教也不能保持他的本来面目，他的内容自然发生了变动。中世纪的社会是分有土地的封建制度、领主制度的社会，社会的阶级像梯子段一样，一层一层的互相隶属，最高的是皇帝，皇帝之下有王公，王公之下有诸侯，诸侯之下有小领主，百姓农奴被践踏在地底。教会本来是共产的组合，到了此时这种阶级的经济组织又反映到教会的组织，渐次发达，也成了个掠夺组织、阶级组织。最高的是教皇，教皇之下有大僧正、僧正等，僧正之下有高僧，由高僧至普通僧民的中间还有种种僧官的阶级。百姓农奴伏在地底，又多受一层践踏。这种阶级的经济组织又反映到耶教的实质，天上也不是一个神住着了。最高的是神，神之下有神子，有精灵，其下更有种种的天使，堕落的天使，又有恶魔。神的一族，恰和皇帝、教皇及其属隶相照应；人在诸神之下，恰和

---

[1] 士多亚派：今通译斯多葛派。古希腊后期产生的哲学学派。

百姓居社会之最下层相照应。人类的精神把地上的实物写映于天上，没有比这个例子再明白的了。

后来都市渐渐发达，宗教上又生一变化。意大利、南德意志、法兰西、英吉利、荷兰诸国都市上的居民，因其工商业的关系，渐立于有权力的地位，对于贵族、僧侣有了自由独立的位置。随着他们对于社会的观念的变动，对于宇宙的观念也变了。于是要求一种新宗教。他们既在经济上不认自己以上的势力，又在政治上作了独立的市民、独立的资本家、独立的商人，立于自由的地位，他们觉着自己与宇宙的中间，自己与神的中间，也不须有中间人介绍人存在了。所以他们蔑视教皇，蔑视僧官，自己作自己的牧师，直接与神相见，这就是路德及加尔文所倡的新教。这样看来，宗教革新的运动全是近世资本家阶级自觉其经济的实力的结果。资本家是个人的反映出来的，所以新宗教也是个人的。

美洲及印度发现以后，资本主义的制度愈颇强大，工商贸易愈颇发达，人与人的关系几乎没有了，几乎全是物品与物品的关系了。一切物品于其各个实质的使用价值以外，又有一般共通抽象的交换价值，所以这时的人也互认为抽象的东西，因而所信的神也变成一个抽象的概念了。又因资本主义制度发达之下，贫困日见增加，在这种惨烈的竞争场里，社会现象迷乱复杂的程度有加无已，人若想求慰安与幸福，除了内观、冥想、灵化而外，殆不可能。而资本家的个人的表象照映于精神界，就成了一个绝大的孤立的神。十七世纪的哲学家，若笛卡儿、斯宾挪撒[1]等都认神是有绝大精神的绝大

---

[1] 斯宾挪撒：今通译斯宾诺莎（1632—1677），荷兰唯物主义哲学家。

体，能自动思考，就是这个原故。又因生产技术的进步，资本主义制度的发达对于自然界的知识骤见增大，十七世纪间自然现象的不可解大概已渐消灭，但于精神科学尚未能加以解释。这时的宗教渐渐离开自然界和物质，神遂全为离于现实界的不可思议的灵体。基督教贱肉的思想，与夫精神劳动与手足劳动分业的结果，也加了许多的势子。这时的哲家，若康德，则说时间的空间的事物是单纯的现象，没有真实的存在；若菲西的则只认精神的主观就是我的。实在都是受了当时物质界经济界的影响，才有这种学说。就是因为当时的资本主义制度使每个人都成孤立，都成灵化，反映到宗教哲学上去，也就成一种孤立的抽象的精神。

蒸汽机发明以后，生产力益加增大，交通机关及生产技术益加发达，对于自然的研究益有进步。自然现象的法则渐为人智所获得，超自然的存在一类神秘的事遂消灭于自然界。同时人类社会的实质也因交通机关生产技术发达的结果，乃有有史以前、有史以后的种种研究，或深入地底，研究地层地质；或远探蛮荒，研究原始社会的状况。又得了种种搜集历史统计材料的方法，而由挟着暴力的生产过程而生的社会问题，更促人竭力研究人类社会的实质。以是原因，自然现象、人类社会都脱去神秘的暗云，赤裸裸的立在科学知识之上，见了光明。以美育代宗教的学说，他就发生于现代了。

资本阶级固然脱出神秘宗教的范围了，就是劳工阶级也是如此。因为他们天天在工厂作工，天天役使自然，利用自然，所以他们也了解自然了。自然现象于他们也没有什么神秘不可解的权威了。至于人类社会的实质，他们也都了解，他们知道现在资本主义制度是使他们贫困的惟一原因,知道现在的法律是阶级的法律,政治是阶级的政治,社会是阶级的社会。他们对于社会实质的了解,恐怕比绅士阀的学者还要彻底,还要明白。太阳出来了,没有打着灯笼走路的人了。

以上所论,可以证明宗教、哲学都是随着物质变动而变动的。

四

再看风俗与习惯。社会上风俗习惯的演成,也与那个社会那个时代的物质与经济有密切的关系。例如老人和妇女在社会上的地位,也因时因地而异,这也是因为经济的关系。在狩猎时代,食物常告缺乏,当时的人总是由此处到彼处的迁徙流转,老人在这社会里很是一种社会的累赘,所以常常被弃、被杀、被食。如今的蛮人社会也常常见此风俗。日本古代有老舍山的话,相传是当时舍弃老人的地方。中央亚非利加的土人将与他部落开战的时候,必先食其亲,因为怕战事一经开始,老人很容易为敌人所捕获,或遭虐待,或被虐杀,所以老人反以为自己的儿子所食为福,儿子亦以食其亲为孝。马来群岛的布尔聂伊附近,某岛中人遇着达于一定年龄的老人必穷追他,使他爬上大木,部落的青年群集木下摇之使他落下,活活跌死。耶士魁牟[1]的女子亦以把他比邻罹病垂危的老太婆带到投弃老人的地方,由崖上把他推下,为爱他比邻、怜他比邻的行为。到了畜牧时代、农业时代,衣食的资料渐渐富裕,敬老的事渐视为重要。

---

[1] 耶士魁牟:今通译爱斯基摩人(Eskimo),生活在北极地区,分布在从西伯利亚、阿拉斯加到格陵兰的北极圈内外。

而以种种经验与知识渐为社会所需要，当时还没有文字的发明，老人就是知识经验的宝库，遂为社会所宝重。近来生产技术进步的结果，一切事象日新月异，古代传说反足以阻碍进步，社会之尊重老人遂又与前大不相同。不专因为他的衰老就尊重他，乃因为他能终其生涯和少年一样奋斗，为社会作出了许多生产的事业、创造的功绩；因为他不但不拿他的旧知识妨害进步，并且能够吸入新思潮，才尊重他。妇女在社会上的地位，随着经济状况变动，也和老人一样。在游猎时代，狩猎与战争是男子的专门事业，当时的妇女虽未必不及男子骁勇，而因负怀孕哺乳育儿的重大责任，此类事体终非妇女所宜，遂渐渐止于一定的处所，在附近居处的田地里作些耕作，在家内作些烧煮的事情。因为狩猎的效果不能一定，而农作比较着有一定效果，且甚安全，所以当时妇女的地位比男子高，势力比男子大。后来牧畜与农业渐渐专归男子去作，妇女只作烧煮裁缝的事情，妇女的地位就渐渐低下。到了现代的工业时代，一方面因为资本主义发达的结果，家内手工渐渐不能支持，大规模的制成许多无产阶级，男子没有力量养恤妇女，只得从家庭里把他们解放出来，听他们自由活动，自己谋生。一方因为生产技术进步的结果，为妇女添出了许多与他们相宜的职业，妇女的地位又渐渐地提高了。这回欧洲大战（一九一四年的大战），许多的壮丁都跑到战场打仗，所有从前男子独占的职业，一时不得不让给女子，不得不仰赖女子，他们于是从家庭里跳出来，或入工厂工作，或当警察，或作电车司机人，或在军队里作后方勤动，都有很好的成绩。但是这回大战停了，战场上的兵士归来，产业凋敝没有工作，从前的职业又多为女子所占领，男工女工的中间现在已起了争议。不过以我的窥测，这个争议第一步可以促女工自己团结，第二步可以促男女两界的无产阶级联合，为阶级战争加一层势力，结果是女子在社会上必占与男子平等的地位。颇闻从法国回来的人说，战后的法国社会道德日趋堕落，男子游惰而好小利，女子好奢侈而多卖淫。忧时之士至为深抱杞忧，说欧洲有道德复旧的必要。但我以为此不必忧，这种现象全是因战争而起的物质变动的结果。欧洲这回大战，男丁战死于战场的不知有几千百万，社会上骤呈女子过庶的现象，女子过庶的结果，结婚难，离婚及私生子增多，卖淫及花柳病流行。物质上有人口的变动，而精神上还没认作道德的要求（如法国女子与华工结婚还为法政府及社会所不喜，就是一例），社会上才有这种悲惨的现象。在这个时期必要发生一种新道德，适应社会的要求，使物质的要求向上而为道德的要求。至于男子的游惰好小利，女子的奢侈，也是物质变动的结果。男子在战争时期中，精神上物质上都经了很多的困乏，加以生活难、工作难的影响，精神上自然要发生变动。游惰哪，好小利哪，都是因为这个原故。将来物质若是丰裕，经济组织若有相当的改造，精神上不会发现这种卑苦的现象。女子骤然得到工作的，自然要比从前奢侈些，也是当然的现象。固然战后的人口增加，或者加猛加速，女子过庶的不平均，或者可以调剂许多，而经济的组织生产的方法则已大有改动。故就物质论，只有开新，断无复旧；就道德与物质的关系论，只有适应，断无背驰。道德是精神现象的一种，精神现象是物质的反映，物质既不复旧，道德断无单独复旧的道理；物质既须急于开新，道德亦必跟着开新，因为物质与精神是一体的，因为道德的要求是适应物质上社会的要求而成的。耶士魁牟的女子本性上不能多产多生，所以他们的风俗就不以未婚的妇人产生及怀孕的处女为耻辱，所以在他们的社会多生多产的德比贞操的德重。女子贞操问题也是随着物质变动而为变动。在男子狩猎女子耕作的时期，女子的地位高于男子，女子生理上性欲的要求强于男子，所以贞操问题绝不发生，而且有一妻多夫的风俗。到了牧畜、农业为男子独占职业的时期，女子的地位低降下去，女子靠着男子生活，男子就由弱者地位转到强者地位，女子的贞操问题从而发生，且是绝对的、强制的、片面的。又因农业经济需要人口，一夫多妻之风盛行。到了工业时期，人口愈增，人类的欲望愈颇复杂，虽因生产技术的进步，生产的数量增加，而资本主义的产业组织分配的方法极不平均，造成了很多的无产阶级。贫困迫人日益加甚，女子非出来工作不可。男子若不解放女子，使他们出来在社会上和男子一样工作，就不能养赡他们。女子的贞操，就由绝对的变为相对的，由片面的变为双方的，由强制的变为自由的。从前重"从一而终"，现在可以离婚了；从前重守节殉死，现在夫死可以再嫁了。将来资本主义必然崩坏，崩坏之后，经济上生大变动，生产的方法由私据的变为公有的，分配的方法由独占的变为公平的，男女的关系也必日趋于自由平等的境界。只有人的关系，没有男女的界限。贞操的内容也必大有变动了。家族制度的变动也是如此。狩猎时代及劣等农作时代，因土地共有共同耕作的关系，氏族制度才能成立。后来人口渐增，氏族中的个人自进而开辟山林，垦治荒芜的人所在多有，因而对于个人辛苦经营的地面，不能不承认个人的私有。既经承认了个人的私有权，那些勤勉有为的人大都努力去开辟地面，私有的地面逐日增大，从前氏族制度的经济基础就从而动摇了。到了高等农作时代，因为私有制度的发达，农业经济的勃兴，父权家长制的大家族制度遂继氏族制度而兴起。后来生产技术进步的结果，由农业时代入了工商时代，分业及交通机关、日见发达，经济上有了新变动，大家族制度遂渐就崩坏。这个时期就发生了一夫一妻制的小家族制度，以适应当时的经济状态。可是到了现代，机械工业、工厂工业又复压倒了手艺工业、徒弟工业，大产业组织的下边造成多数的无产阶级，生活日趋贫困，妇女亦不得不出来工作，加以义务教育、儿童公育等制度推行日广，亲子关系日趋薄弱，这种小家庭制度，也离崩坏的运命不远了。

由此类推，可见风俗习惯的变动，也是随着经济情形的变动为转移的。

五

再看政策与主义。一切的政策，一切的主义，都在物质上经济上有他的根源。Louis Boudin 氏在他的《社会主义与战争》里说了许多很精透的道理，我们可以借来说明一种政策或主义与物质经济的关系。他说资本主义发达的历史，可以分作三个时期：第一是少年时期，是奋进的时代，富有好战的气质。第二时期，是成年时期，是全盛的时代，专务为内部的整顿，气质渐化为平和。第三是衰老时期，是崩颓的时代，急转直下，如丸滚坡，气质又变为性急好战的状态。这种变动，在英国历史上最易看出。由耶利撒别士[1]即位到七年战争，二百年间，英国确是一个好战的国，东冲西突，转战不

---

[1] 耶利撒别士：今通译伊丽莎白一世（Elizabeth Ⅰ，1533—1603）。于1558—1603年间为英国都铎王朝女王。

休。因为当时英国的资本主义方在少年时期，经了二百年间的苦战，才立下了世界第一商工业国的基础。七年战争以后，英国的资本主义已经确立，遂顿归平和。拿破仑战争全是别的原因，不是英国的资本主义惹起来的。直到这次大战以前，英国的资本阶级总是爱重平和，世界上帝国主义的魁雄不在英而转在德。美国独立所以成功，不全是因为美洲独立军的勇武，华盛顿的天才，英国不愿出很大的牺牲争此殖民地，也是一个重大的原因。固然英国也未尝不欲得此土地，但因此起大战争，他们以为很不值得。当时英国政家巴客大声疾呼，主张美国民有独立的权利。表面的言辞说来很是好听，骨子里面也不过是亚丹·斯密氏殖民政策的应用罢了。亚丹·斯密氏主张母国与殖民地之间，若行排他的贸易，不但于殖民地及世界一般有害，即于母国亦大不利。故母国应使其殖民地自由平等，与世界通商。美国所以能够独立的原故，毕竟是因为正值英国持平和政策的时期。以后英国在南非又承认波亚人[1]组织的二共和国，也是这个原故。过了十五年，波亚人又与英国开战，二共和国就全为英国所压服了。那时英国的态度全然一变。最初波亚人与英国开战时候，英国正是正统经济学的国，自由贸易的国，满切士特（Manchester）学派[2]的国，亚丹·斯密氏殖民政策的国，新帝国主义的波浪还未打将进来。到了第二战争，英国已经不是从前的英国了，是新帝国主义的英国，是张伯伦氏新殖民政策的英国了。使英国的主义、政策起这样变化的经济关系的实质是什么呢？简单说，就是从前的时

---

[1] 波亚人：今通译布尔人，是南非和纳米比亚的白人种族之一。

[2] 满切士特（Manchester）学派：今通译曼彻斯特学派（Manchester school）。

代是织物时代，现在的时代是钢铁时代了。英国的工业当初最盛者首推织物，织物实占近世产业的主要部分。英国织物产业的中心，却在满切士特，满切士特的织物产业为世界产业的焦点，亚丹·斯密氏的自由贸易主义，就以满切士特为根据，成了满切士特学派。郭伯敦[1]之崛起反对谷物条例，反对保护税，在自由平和一些美名之下，为新兴的商工阶级奋斗，也是因为这个原故。

当时的英国既以织物类的生产为主要的产业，其销路殆遍于全世界，以握海上霸权、工业设备极其完密的英国，自无用兵力扩张的必要。且以低廉的价格出卖精良的货物，也是很容易的事情。所以自由贸易主义、平和主义、殖民地无用论，都发生在这个时代。以后各半开化国及各殖民地工业渐能独立，像织物类的单纯工业不须仰给于英国，英国要想供给他们，必须另行创制益加精巧的工业。恰好各后进国工业新兴，很需要机械一类的东西，于是英国的产业就由纺纱时代，入了钢铁时代了。英国销行世界的产物，就由织物类变为机械类了。英国的产业中心，就由满切士特移到泊明港了。泊明港是钢铁的产地，张伯伦是生于泊明港的人，所以张伯伦代表泊明港的钢铁，代表英国钢铁产业时代物质上的要求、经济上的要求，主张一种的新殖民政策、新帝国主义。张伯伦初次入阁的时候，自己要作殖民总长，大家都很以为奇怪，因为从前的殖民部是一个闲部，张伯伦是一代政雄，何以选这闲部？那里知道当时的殖民部已经应经济的变化，发生重大意义了。但是机械的贩卖，与织物类

---

[1] 郭伯敦：今通译理查德·科布登（Cobolen, Richard, 1804—1865），英国政治家，是英国自由贸易政策的主要推动者。

的贩卖不同,贩卖织物类只须借传教士的力量,使那半开化国和殖民地的人民接洽文明生活的趣味,就能奏功,而贩卖机械,则非和他的政府官厅与资产阶级交涉不可。那么政治的、外交的、军事的策略,就很要紧了。以是因缘,自由贸易的祖国也变为保护政策的主张,平和主义的国家也着了帝国主义的彩色。

德国的产业进步比英国稍晚。英国正当成年时期,德国方在少年时期,好战的气质极盛,还没有到平和时期,又正逢着第二次的好战时期。最近十年内英、德两国的产铁额大有变动。当初德国的产业额仅当英国的什一,到大战以前,德国的产额已经超过英国了。观此可以知道德国为世界帝国主义的魁雄的原因,也就可以知道这回大战的原因了。

综观以上三个时期:第一时期是使当时新兴商工阶级打破封建制度束缚的物质的要求,向上而为国民文化主义;第二时期是使当时织物贩卖的物质的要求,向上而为自由主义、世界的人道主义;第三时期是使机械贩卖的物质的要求,向上而为帝国主义。有了那种物质的要求,才有那种精神的道德的要求。

六

总结本篇的论旨,我们得了几个纲领,写在下面:一、道德是有动物的基础之社会的本能,与自己保存、种族繁殖、性欲、母爱种种本能是一样的东西。这种本能是随着那种动物的生活的状态、生活的要求有所差异,断断不是什么神明的赏赐物。人类正不必以万物之灵自高,亦不必以有道德心自夸。二、道德既是社会的本能,那就适应生活的变动，随着社会的需要，因时因地而有变动，一代圣贤的经训格言，断断不是万世不变的法则。什么圣道，什么王法，什么纲常，什么名教，都可以随着生活的变动、社会的要求而有所变革，且是必然的变革。因为生活状态，社会要求既经变动，人类社会的本能自然也要变动。拿陈死人的经训抗拒活人类之社会的本能，是绝对不可能的事。三、道德既是因时因地而常有变动，那么道德就也有新旧的问题发生。适应从前的生活和社会而发生的道德，到了那种生活和社会有了变动的时候，自然失了他的运命和价值，那就成了旧道德了。这新发生的新生活、新社会必然要求一种适应他的新道德出来，新道德的发生就是社会的本能的变化，断断不能遏抑的。四、新道德既是随着生活的状态和社会的要求发生的——就是随着物质的变动而有变动的——那么物质若是开新，道德亦必跟着开新，物质若是复旧，道德亦必跟着复旧。因为物质与精神原是一体，断无自相矛盾、自相背驰的道理。可是宇宙进化的大路，只是一个健行不息的长流，只有前进，没有反顾；只有开新，没有复旧；有时旧的毁灭，新的再兴。这只是重生，只是再造，也断断不能说是复旧。物质上，道德上，均没有复旧的道理！

　　这次的世界大战，是从前遗留下的一些不能适应现在新生活、新社会的旧物的总崩颓。由今以后的新生活、新社会，应是一种内容扩大的生活和社会——就是人类一体的生活，世界一家的社会。我们所要求的新道德，就是适应人类一体的生活，世界一家的社会之道德。从前家族主义、国家主义的道德，因为他是家族经济、国家经济时代发生的东西，断不能存在于世界经济时代的。今日不但应该废弃，并且必然废弃。我们今日所需要的道德，不是神的道德、宗教的道德、古典的道德、阶级的道德、私营的道德、占据的道德；乃是人的道德、美化的道德、实用的道德、大同的道德、互助的道德、创造的道德！

署名：李大钊
《新潮》第 2 卷第 2 号
1919 年 12 月 1 日

由经济上解释中国近代思想变动的原因

凡一时代,经济上若发生了变动,思想上也必发生变动。换句话说,就是经济的变动,是思想变动的重要原因。现在只把中国现代思想变动的原因,由经济上解释解释。

人类生活的开幕,实以欧罗细亚为演奏的舞台。欧罗细亚就是欧、亚两大陆的总称。在欧罗细亚的中央有一凸地,叫作Tableland。此地的山脉不是南北纵延的,乃是东西横亘的。因为有东西横亘的山脉,南北交通遂以阻隔,人类祖先的分布移动,遂分为南道和北道两条进路,人类的文明遂分为南道文明——东洋文明——和北道文明——西洋文明两大系统。中国本部、日本、印度支那、马来半岛诸国、俾露麻[1]、印度、阿富汗尼士坦、俾而齐士坦[2]、波斯、土耳其、埃及等,是南道文明的要路;蒙古、满洲、西伯利亚、俄罗

---

[1] 俾露麻:今通译俾路支,隶属巴基斯坦的一个省。
[2] 俾而齐士坦:今通译巴基斯坦。

斯、德意志、荷兰、比利时、丹麦、士坎迭拿威亚、英吉利、法兰西、瑞士、西班牙、葡萄牙、意大利、奥士地利亚[1]、巴尔干半岛等，是北道文明的要路。南道的民族，因为太阳的恩惠厚，自然的供给丰，故以农业为本位，而为定住的；北道的民族，因为太阳的恩惠薄，自然的供给啬，故以工商为本位，而为移住的。农业本位的民族，因为常定住于一处，所以家族繁衍，而成大家族制度——家族主义；工商本位的民族，因为常转徙于各地，所以家族简单，而成小家族制度——个人主义。前者因聚族而居，易有妇女过庶的倾向，所以成重男轻女一夫多妻的风俗；后者因转徙无定，恒有妇女缺乏的忧虑，所以成尊重妇女一夫一妻的习惯。前者因为富于自然，所以与自然调和，与同类调和；后者因为乏于自然，所以与自然竞争，与同类竞争。简单一句话，东洋文明是静的文明，西洋文明是动的文明。

中国以农业立国，在东洋诸农业本位国中，占很重要的位置，所以大家族制度在中国特别发达。原来家族团体，一面是血统的结合，一面又是经济的结合。在古代原人社会，经济上男女分业互助的要求，恐怕比性欲要求强些，所以家族团体所含经济的结合之性质，恐怕比血统的结合之性质多些。中国的大家族制度，就是中国的农业经济组织，就是中国二千年来社会的基础构造。一切政治、法度、伦理、道德、学术、思想、风俗、习惯，都建筑在大家族制度上作他的表层构造。看那二千余年来支配中国人精神的孔门伦理，所谓纲常、所谓名教、所谓道德、所谓礼义，那一样不是损卑下以

---

[1] 奥士地利亚：今通译奥地利。

奉尊长？那一样不是牺牲被治者的个性以事治者？那一样不是本着大家族制下子弟对于亲长的精神？所以孔子的政治哲学，修身齐家治国平天下，"一以贯之"，全是"以修身为本"；又是孔子所谓修身，不是使人完成他的个性，乃是使人牺牲他的个性。牺牲个性的第一步就是尽"孝"。君臣关系的"忠"，完全是父子关系的"孝"的放大体。因为君主专制制度，完全是父权中心的大家族制度的发达体。至于夫妇关系，更把女性完全浸却：女子要守贞操，而男子可以多妻蓄妾；女子要从一而终，而男子可以细故出妻；女子要为已死的丈夫守节，而男子可以再娶。就是亲子关系的"孝"，母的一方还不能完全享受，因为伊是隶属于父权之下的。所以女德重"三从"，"在家从父，出嫁从夫，夫死从子"。总观孔门的伦理道德，于君臣关系，只用一个"忠"字，使臣的一方完全牺牲于君；于父子关系，只用一个"孝"字，使子的一方完全牺牲于父；于夫妇关系，只用几个"顺"、"从"、"贞节"的名辞，使妻的一方完全牺牲于夫，女子的一方完全牺牲于男子。孔门的伦理，是使子弟完全牺牲他自己以奉其尊上的伦理；孔门的道德，是与治者以绝对的权力责被治者以片面的义务的道德。孔子的学说所以能支配中国人心有二千余年的原故，不是他的学说本身具有绝大的权威，永久不变的真理，配作中国人的"万世师表"，因他是适应中国二千余年来未曾变动的农业经济组织反映出来的产物，因他是中国大家族制度上的表层构造，因为经济上有他的基础。这样相沿下来，中国的学术思想，都与那静沈沈的农村生活相照映，停滞在静止的状态中，呈出一种死寂的现象。不但中国，就是日本、高丽、越南等国，因为他们的农业经济组织和中国大体相似，也受了孔门伦理的影响不少。

时代变了！西洋动的文明打进来了！西洋的工业经济来压迫东洋的农业经济了！孔门伦理的基础就根本动摇了！因为西洋文明是建立在工商经济上的构造，具有一种动的精神，常求以人为克制自然，时时进步，时时创造。到了近世，科学日见昌明，机械发明的结果，促起了工业革命。交通机关日益发达，产业规模日益宏大，他们一方不能不扩张市场，一方不能不搜求原料，这种经济上的需要，驱着西洋的商人，来叩东洋沈静的大门。一六三五年顷，已竟有荷兰的商人到了日本，以后Perry[1]、Harris[2]与Lord Elgin[3]诸人相继东来，以其商业上的使命，开拓东洋的门径，而日本，而中国，东洋农业本位的各国，都受了西洋工业经济的压迫。日本国小地薄，人口又多，担不住这种压迫，首先起了变动，促成明治维新，采用了西洋的物质文明，产业上起了革命——如今还正在革命中——由农业国一变而为工业国，不但可以自保，近来且有与欧美各国并驾齐驱的势力了。日本的农业经济组织既经有了变动，欧洲的文明、思想又随着他的经济势力以俱来，思想界也就起了绝大的变动。近来Democracy的声音震荡全国，日本人夸为"国粹"之万世一系的皇统，也有动摇的势子；从前由中国传入的孔子伦理，现在全失了效力了。

中国地大物博，农业经济的基础较深，虽然受了西洋工业经济的压迫，经济上的变动却不能骤然表现出来。但中国人于有意无意间也似乎了解这工商经济的势力加于中国人生活上的压迫实在是厉

---

[1] Perry：指Mathew Caltraith Perry（1794—1858），佩里，美国海军将军。
[2] Harris：指Townsend Harris（1804—1978），美国商人。
[3] Lord Elgin：额尔金，原名James Bruce（1811—1863），英国外交官。

害，所以极端仇视他们，排斥他们，不但排斥他们的人，并且排斥他们的器物。但看东西交通的初期，中国只是拒绝和他们通商，说他们科学上的发明是"奇技淫巧"，痛恨他们造的铁轨，把他投弃海中。义和团虽发于仇教的心理，而于西洋人的一切器物一概烧毁，这都含着经济上的意味，都有几分是工业经济压迫的反动，不全是政治上、宗教上、人种上、文化上的冲突。

欧洲各国的资本制度一天盛似一天，中国所受他们经济上的压迫也就一天甚似一天。中国虽曾用政治上的势力抗拒过几回，结果都是败辱。把全国沿海的重要通商口岸都租借给人，割让给人了，关税、铁路等等权力，也都归了人家的掌握。这时的日本崛然兴起，资本制度发达的结果，不但西洋的经济力不能侵入，且要把他的势力扩张到别国。但日本以新兴的工业国，骤起而与西洋各国为敌，终是不可能；中国是他的近邻，产物又极丰富，他的势力自然也要压到中国上。中国既受西洋各国和近邻日本的二重压迫，经济上发生的现象，就是过庶人口不能自由移动，海外华侨到处受人排斥虐待，国内居民的生活本据渐为外人所侵入——台湾、满蒙、山东、福建等尤甚——关税权为条约所束缚，适成一种"反保护制"。外来的货物和出口的原料，课税极轻，而内地的货物反不能自由移转，这里一厘，那里一卡，几乎步步都是关税。于是国内产出的原料品，以极低的税输出国外，而在国外造成的精制品，以极低的税输入国内。国内的工业，都是手工工业和家庭工业，那能和国外的机械工业、工厂工业竞争呢？结果就是中国的农业经济挡不住国外的工业经济的压迫，中国的家庭产业挡不住国外的工厂产业的压迫，中国的手工产业挡不住国外的机械产业的压迫。国内的产业多被压倒，输入超过输出，全国民渐渐变成世界的无产阶级，一切生活，都露出困迫不安的现象。在一国的资本制下被压迫而生的社会的无产阶级，还有机会用资本家的生产机关；在世界的资本制下被压迫而生的世界的无产阶级，没有机会用资本国的生产机关。在国内的就为兵为匪，跑到国外的就作穷苦的华工，辗转迁徙，贱卖他的筋力，又受人家劳动阶级的疾视。欧战期内，一时赴法赴俄的华工人数甚众，战后又用不着他们了，他们只得转回故土。这就是世界的资本阶级压迫世界的无产阶级的现象，这就是世界的无产阶级寻不着工作的现象。欧美各国的经济变动，都是由于内部自然的发展；中国的经济变动，乃是由于外力压迫的结果，所以中国人所受的苦痛更多，牺牲更大。

中国的农业经济，既因受了重大的压迫而生动摇，那么首先崩颓粉碎的，就是大家族制度了。中国的一切风俗、礼教、政法、伦理，都以大家族制度为基础，而以孔子主义为其全结晶体。大家族制度既入了崩颓粉碎的运命，孔子主义也不能不跟着崩颓粉碎了。

试看中国今日种种思潮运动，解放运动，那一样不是打破大家族制度的运动？那一样不是打破孔子主义的运动？

第一，政治上民主主义（Democracy）的运动，乃是推翻父权的君主专制政治之运动，也就是推翻孔子的忠君主义之运动。这个运动，形式上已算有了一部分的成功。联治主义和自治主义，也都是民主主义精神的表现，是打破随着君主专制发生的中央集权制的运动。这种运动的发动，一方因为经济上受了外来的压迫，国民的生活，极感不安，因而归咎于政治的不良、政治当局的无能，而力谋改造。一方因为欧美各国 Democracy 的思潮随着经济的势力传入东方，政治思想上也起了一种响应。

第二，社会上种种解放的运动，是打破大家族制度的运动，是打破父权（家长）专制的运动，是打破夫权（家长）专制的运动，是打破男子专制社会的运动，也就是推翻孔子的孝父主义、顺夫主义、贱女主义的运动。如家庭问题中的亲子关系问题、短丧问题；社会问题中的私生子问题、儿童公育问题；妇女问题中的贞操问题、节烈问题、女子教育问题、女子职业问题、女子参政问题；法律上男女权利平等问题（如承继遗产权利问题等）、婚姻问题——自由结婚、离婚、再嫁、一夫一妻制、乃至自由恋爱、婚姻废止——都是属于这一类的，都是从前大家族制下断断不许发生、现在断断不能不发生的问题。原来中国的社会只是一群家族的集团，个人的个性、权利、自由都束缚禁锢在家族之中，断不许他有表现的机会。所以从前的中国，可以说是没有国家，没有个人，只有家族的社会。现在因为经济上的压迫，大家族制的本身已竟不能维持，而随着新经济势力输入的自由主义、个性主义，又复冲入家庭的领土，他的崩颓破灭，也是不能逃避的运数。不但子弟向亲长要求解放，便是亲长也渐要解放子弟了；不但妇女向男子要求解放，便是男子也渐要解放妇女了。因为经济上困难的结果，家长也要为减轻他自己的担负，听他们去自由活动，自立生活了。从前农业经济时代，把他们包容在一个大家族里，于经济上很有益处，现在不但无益，抑且视为重累了。至于妇女，因为近代工业进步的结果，添出了很多宜于妇女的工作，也是助他们解放运动的一个原因。

欧洲中世也曾经过大家族制度的阶级，后来因为国家主义和基督教的势力勃兴，受了痛切的打击，又加上经济情形发生变动，工商勃兴，分业及交通机关发达的结果，大家族制度，遂立就瓦解。新起的小家族制度，其中只包含一夫一妻及未成年的子女，如今因为产业进步、妇女劳动、儿童公育种种关系，崩解的气运，将来也必然不远了。

中国的劳动运动，也是打破孔子阶级主义的运动。孔派的学说，对于劳动阶级，总是把他们放在被治者的地位，作治者阶级的牺牲。"无君子莫治野人，无野人莫养君子。""劳心者治人，劳力者治于人。"这些话，可以代表孔门贱视劳工的心理。现代的经济组织，促起劳工阶级的自觉，应合社会的新要求，就发生了"劳工神圣"的新伦理，这也是新经济组织上必然发生的构造。

总结以上的论点：第一，我们可以晓得孔子主义（就是中国人所谓纲常名教）并不是永久不变的真理。孔子或其他古人，只是一代哲人，决不是"万世师表"。他的学说，所以能在中国行了二千余年，全是因为中国的农业经济没有很大的变动，他的学说适宜于那样经济状况的原故。现在经济上生了变动，他的学说，就根本动摇，因为他不能适应中国现代的生活、现代的社会。就有几个尊孔的信徒，天天到曲阜去巡礼，天天戴上洪宪衣冠去祭孔，到处建筑些孔教堂，到处传布"子曰"的福音，也断断不能抵住经济变动的势力来维持他那"万世师表"、"至圣先师"的威灵了。第二，我们可以晓得中国的纲常、名教、伦理、道德，都是建立在大家族制上的东西。中国思想的变动，就是家族制度崩坏的征候。第三，我们可以晓得中国今日在世界经济上，实立于将为世界的无产阶级的地位。我们应该研究如何使世界的生产手段和生产机关同中国劳工发生关系。第四，我们可以正告那些钳制新思想的人，你们若是能够把现代的世界经济关系完全打破，再复古代闭关自守的生活，把欧洲的物质文明、动的文明，完全扫除，再复古代静止的生活，新思想自然不会发生。你们若是无奈何这新经济势力，那么只有听新思想自由流行，因为新思想是应经济的新状态、社会的新要求发生的，不是几个青年凭空造出来的。

署名：李大钊
《新青年》第 7 卷第 2 号
1920 年 1 月 1 日

自由与秩序

社会的学说的用处，就在解决个人与社会间的权限问题。凡不能就此问题为圆满的解决者，不足称为社会的学说。

极端主张发展个性权能者，尽量要求自由，减少社会及于个人的限制；极端主张扩张社会权能者，极力重视秩序，限制个人在社会中的自由。"个人主义"（Individualism）可以代表前说；"社会主义"（Socialism）可以代表后说。

但是，个人与社会，不是不能相容的二个事实，是同一事实的两方面；不是事实的本身相反，是为人所观察的方面不同。一云社会，即指由个人集成的群合；一云个人，即指在群合中的分子。离于个人，无所谓社会；离于社会，亦无所谓个人。故个人与社会并不冲突，而个人主义与社会主义亦决非矛盾。

试想一个人自有生以来，即离开社会的环境，完全自度一种孤立而岑寂的生活，那个人断没有一点的自由可以选择，只有孤立是他唯一的生活途径。这种的个人，还有什么个人的意义！

试想一社会若完全抹煞个性的发展，那社会必呈出死气奄奄的气象。他所包蓄的份子，既一一的失其活动之用而日就枯亡与陈腐，更安有所谓秩序者！

由此看来，真正合理的个人主义，没有不顾社会秩序的；真正合理的社会主义，没有不顾个人自由的。个人是群合的原素，社会是众异的组织。真实的自由，不是扫除一切的关系，是在种种不同的安排整列中保有宽裕的选择的机会；不是完成的终极境界，是进展的向上行程。真实的秩序，不是压服一切个性的活动，是包蓄种种不同的机会使其中的各个分子可以自由选择的安排；不是死的状态，是活的机体。

我们所要求的自由，是秩序中的自由；我们所顾全的秩序，是自由间的秩序。只有从秩序中得来的是自由，只有在自由上建设的是秩序。个人与社会、自由与秩序，原是不可分的东西。

署名：李大钊

《少年中国》第 2 卷第 7 期

1921 年 1 月 15 日

史学与哲学（节选）
——在复旦大学的演讲

今日所要和诸位商榷的，是史学及史学与哲学的关系，主体是讲史学。

凡一种学问，必于实际有用处，文学、史学都是如此。但是，用处是多方面的。得到了一种智识，以此智识为根据去解决一种问题是用处；以所有的学识成一著作与学术界相商榷，以期得到一个是处，也是用处，但是最要紧的用处，是用他来助我们人生的修养，都有极大的关系。人们要过优美的高尚的生活，必须要有内心的修养。史学、哲学、文学都于人生有密切的关系，并且都有他们的好处。从不同的研究，可以得到同的结果，与我们以不同的修养。哲学、文学在我国从前已甚发达，史则中国虽有史书甚多，而史学却不发达。这不但中国为然，外国也是如此，因为史学正在幼稚时代，进步甚慢。但他于人生有极大影响，我们不但要研究他，且当替他宣传，引起人们研究的兴味，以促史学的进步。

一、史学与哲学及文学的关系

讲到史学与哲学、文学的关系,最好把培根的分类先来参考一下。关于人生的学问,本不能严格的分开,使他们老死不相往来的,因为人生是整个的。但现在为分工起见,所以不得不分成多种专门的学,以求深造。但学问虽贵乎专,却尤贵乎通。科学过重分类,便有隔阂难通之弊,所以虽然专门研究,同时相互的关系也应知道。专而不通,也非常危险,尤以关于人生的学问为然。史学和哲学、文学的来源是相同的,都导源于古代的神话和传说。虽然我们分工之后,同源而分流,但也一样可以帮助我们为人生的修养,所以也可以说是殊途而同归的。

培根的分类,见于他所著的 Advancement of Learning(1605)及以拉丁文著的 The Dignity and Advancement of Learning(1623)。这二书都是讲当时的思想的发展的。在此二种书中,他把学问分为三大类:(一)历史;(二)诗;(三)哲学。这是按照心的能力而分的。因为心的能力也有三:(一)记忆;(二)想象;(三)理性。记忆所产生的是史,想象所产生的是诗,理性所产生的是哲学。这个分类,在今日看来是不完全的,因为他只是指他那时代的学问状况而说的,但我们正好借用他的分类,说明史学、文学、哲学三者的关系的密切。

他把历史分为自然史、人事史,而人事史又分为宗教史、文学史等。

哲学也分为三类:(一)关于神明的;(二)关于自然的;(三)关于人的。哲学二字的意义,也与现在不同。他所说的哲学,是穷理的意思，此外又有第一根源的哲学，包括三部的本源的普遍的学问。

诗也不是专指诗歌而言，凡想象、假作而叙事的文学都是，不必定为韵文。

诗与史的关系是很密切的。要考察希腊古代的历史，必须读荷马的《史诗》，因他的诗中包蕴很多的史料。孟子说："王者之迹熄而诗亡，诗亡然后春秋作。"春秋是史，他说诗亡而后春秋作，也可见史与诗间大有关系。即如《诗经》一书，虽是古诗，却也有许多许多的史料在内。要研究中国古代史，不能不把此书当作重要的参考书。郎氏（Lamprecht）谓："史有二方面：（一）取自然主义的形式的——谱系；（二）取理想主义的形式的——英雄诗。谱系进而成为编年史，英雄诗进而成为传记。"这都可证明诗与史的关系密切了。

哲学与史的关系的密切，也很容易证明。譬如老子是哲学家，但他也是个史学家，因为他是周的史官。"班志"说：道家出于史官。可见哲学与史学也是相通的。

培根之后，孔德、斯宾塞、冯德诸家，各有另立的分类。不过培根的分类，与我们以特别有关系的材料，所以借来作史学、哲学、文学的关系的证明。

二、历史与历史学的关系

以历史为中心，史学可分二部：记述历史；历史理论。记述历史的目的，是欲确定各个零碎的历史事实，而以活现的手段描写出来，这是艺术的工作。历史理论的目的，是在把已经考察确定的零碎事实合而观之，以研究其间的因果关系的，这乃是科学的工作。

此外，又有历史哲学一项，但从系统上讲起来，宜放置哲学分类之下。

三、哲学与史学的接触点

哲学与历史相接触点有三，即是：哲学史、哲理的历史及历史哲学。

哲学史是以哲学为研究的对象，用历史的方法去考察他，其性质宜列入哲学系统中。哲理的历史，是用哲理的眼光去写历史，是属于史的性质的，但太嫌空虚。历史哲学是哲学的一部分，哲学是于科学所不能之处，去考察宇宙一切现象的根本原理的。历史事实是宇宙现象的一部分，所以亦是史学所研究的对象的一部分。

四、哲学与史学的关系

哲学彷佛是各种科学的宗邦，各种科学是逐渐由哲学分出来的独立国。哲学的领地，虽然一天一天的狭小，而宗邦的权威仍在哲学。

科学之所穷，即哲学之所始。两者的性质上区别虽经确立，不容相混了，然而二者的界限，却并未如长江大河为之截然分界：二者之间有一中区，譬如历史与哲学虽各有领域，而历史哲学便处于二者之间，不能说完全属诸史学，也不能说完全属诸哲学。

立在史学上以考察其与哲学的关系，约有四端：

（一）哲学亦为史学所研究的一种对象。史学底对象，系人生与为人生的产物的文化。文化是多方面的，哲学亦其一部分，所以哲学亦为史学家所认为当研究的一种对象。

（二）历史观。史学家的历史观，每渊源于哲学。社会现象，史学家可以拿自己的历史观来考察之，解释之。譬如现在的女权运动和打破大家庭的运动，是从什么地方来的，都可以一种历史观察之。马克思的唯物史观，是历史观的一种。他以为社会上、历史上种种现象之所以发生，其原动力皆在于经济，所以以经济为主点，可以解释此种现象。此外，圣西门有智识的史观，以为知识可以决定宗教，宗教可以决定政治。此外，还有宗教的史观、算术的史观等等。或谓史学家不应有历史观，应当虚怀若谷的去研究，不可有了偏见或成见，以历史附会己说，才可算是好史学家。或者说史学家应有历史观，然后才有准绳去处置史料，不然便如迷离漂荡于洋海之中，茫无把握，很难寻出头绪来。这话是很对的。史学家当有一种历史观，而且自然的有一种历史观，不过不要采了个偏的、差的历史观罢了。

马克思的唯物史观，很受海格尔的辩证法的影响，就是历史观是从哲学思想来的明证。

（三）就历史事实而欲阐明一般的原理，便不得不借重于哲学。

（四）史学研究法与一般论理学或智识哲学，有密切关系。

现在再从哲学方面来考察他与史学的关系：

（一）历史是宇宙的一部分，哲学是研究宇宙一切现象的，所以历史事实亦属于哲学所当考量的对象之中。

（二）人生哲学或历史哲学，尤须以史学所研究的结果为基础。

（三）哲学可在旁的学问中，得到观察的方法和考量的方法。所以哲学也可以由历史的研究，得到他的观察法和考量法，以之应用到哲学上去。

（四）要知哲学与一般社会及人文的状态的关系，于未研究哲学之先，必先研究时代的背景及一般时代的人文的状况。所以虽研究哲学，也必以一般史识为要。

（五）研究某哲学家的学说，必须研究某哲学家的传记。

（六）哲学史亦是一种历史的研究，故亦须用历史研究法的研究以研究哲学史。

历史哲学是研究历史的根本问题的。如人类生活究竟是什么？人类的行动是有预定轨道的，还是人生是做梦一般的？我们所认为历史事实的是真的呢，还是空虚的？人类背后究竟有根本大法操持一切的呢，还是历史上种种事实都是无意义的流转，譬彼舟流不知所届呢？人类自有史以来，是进步的，还是退化的？人类进化果然是于不知不识中向一定的方向进行呢，还是茫无定向呢？国家民族的命运及其兴衰荣枯，是人造的，还是人们无能为力的？种种事实，纷纭错杂，究竟有没有根本原理在那里支配？这都是历史哲学的事。因为用科学的方法去研究，只能到一定的程度为止，科学所不及的，都是哲学的事了。

五、史学、文学、哲学与人生修养的关系

我们要研究学问，不是以学问去赚钱，去维持生活的，乃是为人生修养上有所受用。文学可以启发我们感情。所以说，诗可以兴，可以怨，又说，兴于诗。文学是可以发扬民族和社会的感情的，哲学于人生关系也切。人们每被许多琐屑细小的事压住了，不能达观，这于人生给了很多的苦痛。哲学可以帮助我们得到一个注意于远大的观念，从琐屑的事件解放出来，这于人生修养上有益。史学于人生的关系，可以分智识方面与感情方面二部去说。从感情方面说，史与诗（文学）有相同之用处，如读史读到古人当危急存亡之秋，能够激昂慷慨，不论他自己是文人武人，慨然出来，拯民救国，我们的感情都被他激发鼓动了，不由的感奋兴起，把这种扶持国家民族的危亡的大任放在自己的肩头。这是关于感情的。其关于知识方面的，就是我们读史，可以得到一种观察世务的方法，并可以加增认知事实和判断事实的力量。人名、地名，是不甚要紧的，能够记得也好，不记得也不妨事的。二者帮助人生的修养，不但是殊途同归，抑且是相辅为用。史学教我们踏实审慎，文学教我们发扬蹈厉。

此外，历史观与人生观亦有密切的关系。哲学教我们扼要、达观。三者交相为用，可以使我们精神上得一种平均的调和的训练与修养。自马克思经济的历史观把古时崇拜英雄圣贤的观念打破了不少，他给了我们一种新的历史观，使我们知道社会的进步不是靠少数的圣贤豪杰的，乃是靠一般人的，而英雄也不过是时代的产物。我们的新时代，全靠我们自己努力去创造。有了这种新的历史

观，便可以得到一种新的人生观。前人以为人们只靠天、靠圣贤豪杰，因此不见圣贤出来，便要发出"前不见古人，后不见来者，念天地之悠悠，独怆然而涕下"的叹声；因此生逢衰乱的时代，便发出"旻天不吊"或"我生不辰"的叹声。在此等叹声中，可以寻知那听天认命的历史观影响于人们的人生观怎样大了。现在人们把历史观改变了，这种悲观、任运、消极、听天的人生观，也自然跟着去掉，而此新的历史观，却给我们新鲜的勇气，给我们乐观迈进的人生观。

从前的历史观，使人迷信人类是一天一天退化的，所以有崇古卑今的观念。中国如此，西洋亦然。他们谓黄金时代，一变而为银时代，更变而为铜时代、铁时代，这便是说世道人心江河日下了。这种黄金时代说，在十七世纪时为一班崇今派的战士攻击的中心。当时，今古的争论极烈，一方面说古的好，他方说今的好。培根等都是赞成新的、崇尚今的。他们说：以前的圣贤的知识，并不如我们多，今世仍旧可以有圣贤豪杰的。二者相争甚烈，在法、意等国两派都有极烈的争论。诗人的梦想，多以前代、过去的时代为黄金时代。中国的《采薇》、《获麟》诸歌和陶渊明一流的诗，都有怀思黄、农、虞、夏的感想。黄、农、虞、夏之世，便是中国人理想中的黄金时代。新历史家首当打破此种谬误的观念，而于现在、于将来努力去创造黄金时代。因为黄金时代，总是在我们的面前，不会在我们的背后。怀古派所梦寐回思的黄金时代，只是些草昧未开、洪荒未阔的景象，没有什么使我们今人羡慕的理由。我们试一登临那位时先生在过去世代的无止境中，为我们建筑的一座经验的高楼绝顶，可以遍历环绕我们的光荣的过去的大观，凭着这些阶梯，我们不但可以认识现在，并且可以眺望将来。在那里，我们可以得到新鲜的勇气；在那里，我们可以得到乐天迈进的人生观。这种愉快，这种幸福，只有靠那一班登临这座高楼的青年们，长驱迈进的健行不息，才能得到。这是史学的真趣味，这是研究史学的真利益。

署名：李守常讲演
黄维荣、温崇信记录
天津《新民意报》副刊
《星火》第13、14、15号
1923年4月17日—19日

史学要论（节选）

现代史学的研究及于人生态度的影响

凡是一种学问，或是一种知识，必于人生有用，才是真的学问，真的知识，否则不能说他是学问，或是知识。历史学是研究人类生活及其产物的文化的学问，自然与人生有密切的关系。史学既能成为一种学问，一种知识，自然亦要于人生有用才是。依我看来，现在史学的研究，及于人生态度的影响很大。第一，史学能陶炼吾人于科学的态度。所谓科学的态度，有二要点：一为尊疑，一为重据。史学家即以此二者为可宝贵的信条。凡遇一种材料，必要怀疑他，批评他，选择他，找他的确实的证据，有了确实的证据，然后对于此等事实方能置信。根据这确有证据的事实所编成的纪录，所说明的理法，才算比较的近于真理，比较的可信。凡学都所以求真，而历史为尤然。这种求真的态度，薰陶渐渍，深入于人的心性，则可造成一种认真的习性，凡事都要脚踏实地去作，不驰于空想，不骛于虚声，而惟以求真的态度作踏实的工夫。以此态度求学，则真理可明；以此态度作事，则功业可就。史学的影响于人生态度，其力有若此者。因此有一班学者，遂谓史学的研究日趋严重，是人类的精神渐即老成的征兆。在智力的少年时期，世界于他们是新奇的，是足以炫夺心目的，使他们不易起热烈的研究世界的过去的兴味。生活于他们是一个冒险，世界于他们是一个探险的所在，他们不很注意人间曾经作过的事物，却注意到那些将来人类所可作的事物。为的是奋兴他们，历史似应作成一个传奇小说的样子，以燃烧他们的想象，无须作成一个哲学的样子，以启悟他们的明慧。这样的奋往向前欢迎将来的少年精神，诚足以令人活跃，令人飞腾，然若只管活跃，只管飞腾，而不留心所据的场所是否实地，则其将来的企图，都为空笔，都为梦想。本求迈远腾高，结局反困蹶于空虚的境界，而不能于实地进行一步。而在有训练与觉醒的老成的精神则不然，他们很知道世界给与吾人以机会的俄顷，必有些限制潜伏于此机会之下以与之俱。这些限制，吾人必须了喻，有时且必须屈服。所以他们很热心的去研究过去，解喻人生，以期获得一种哲学的明慧，去照澈人生经过的道路，以同情于人类所曾作过的事而致合理的生活于可能的境界。史学的研究，即所以扩大他们对于过去的同情，促进他们的合理的生活的。研究历史的趣味的盛行，是一个时代正在生长成熟、正在寻求聪明而且感奋的对于人生的大观的征兆。这种智力的老成，并于奋勇冒险的精神，不但未有以消阻，而且反有以增进，一样可以寻出一种新世界，供他们冒险的试验。立在过去的世界上，寻出来的新世界，是真的，实的，脚踏实地可以达到的；那梦想将来所见的新世界，是虚的，假的，只有在"乌托邦""无何有之乡"里可以描写的。过去一段的历史，恰如"时"在人生世界上建筑起来的一座高楼，里边一层一层的陈列着我们人类累代相传下来的家珍国宝。这一座高楼，只有生长成熟踏践实地的健足，才能拾级而升，把凡所经过的层级、所陈的珍宝，一览无遗，然后上临绝顶，登楼四望，无限的将来的远景，不尽的人生的大观，才能比较的眺望清楚。在这种光景中，可以认识出来人生前进的大路。我们登这过去的崇楼登的愈高，愈能把未来人生的光景及其道路，认识的愈清。无限的未来世界，只有在过去的崇楼顶上，才能看得清楚；无限的过去的崇楼，只有老成练达踏实奋进的健足，才能登得上去。一切过去，都是供我们利用的材料。我们的将来，是我们凭借过去的材料、现在的劳作创造出来的。这是现代史学给我们的科学的态度。这种科学的态度，造成我们脚踏实地的人生观。从前史学未发达的时代，人们只是在过去的纪录里去找历史，以为历史只是过去的事迹。现代的史学告我们以有生命的历史不是这些过去的纪录。有生命的历史，实是一个亘过去、现在、未来的全人类的生活。过去、现在、未来是一线贯下来的。这一线贯下来的时间里的历史的人生，是一趟过的，是一直向前进的，不容我们徘徊审顾的。历史的进路，纵然有时一盛一衰、一衰一盛的作螺旋状的运动，但此亦是循环着前进的、上升的，不是循环着停滞的，亦不是循环着逆反的、退落的，这样子给我们以一个进步的世界观。我们既认定世界是进步的，历史是进步的，我们在此进步的世界中、历史中，即不应该悲观，不应该拜古，只应该欢天喜地的在这只容一趟过的大路上向前行走，前途有我们的光明，将来有我们的黄金世界。这是现代史学给我们的乐天努进的人生观。旧历史观认历史是神造的,是天命的,天生圣人则世运昌明,天降鞠凶则丧乱无已。本着这种史观所编的历史,全把那皇帝王公侯伯世爵这等特权阶级放在神权保护之下,使一般人民对于所遭的丧乱,所受的艰难,是暴虐,是篡窃,是焚杀,是淫掠,不但不能反抗,抑且不敢怨恨。"臣罪当诛,天王明圣",无论其所受的痛苦,惨酷到如何地步,亦只能感恩,只能颂德,只能发出"昊天不吊"的哀诉,"我生不辰"的悲吟而已。在这种历史中,所能找出来的,只是些上帝,皇天,圣人,王者,决找不到我们的自己。这种历史全把人们的个性,消泯于麻木不仁的状态中,只有老老实实的听人宰割而已。新历史观及本着新历史观编成的历史则不然,他教吾人以社会生活的动因,不在"赫赫""皇矣"的天神,不在"天亶""天纵"的圣哲,乃在社会的生存的本身。一个智识的发见,技术的发明,乃至把是等发见发明致之于实用,都是像我们一样的社会上的人人劳作的结果。这种生活技术的进步,变动了社会的全生活,改进了历史的阶段。这种历史观,导引我们在历史中发见了我们的世界,发见了我们的自己,使我们自觉我们自己的权威,知道过去的历史,就是我们这样的人人共同造出来的,现在乃至将来的历史,亦还是如此。即吾人浏览史乘,读到英雄豪杰为国家为民族舍身效命以为牺牲的地方,亦能认识出来这一班所谓英雄所谓豪杰的人物,并非有与常人有何殊异,只是他们感觉到这社会的要求敏锐些,想要满足这社会的要求的情绪热烈些,所以挺身而起为社会献身,在历史上留下可歌可哭的悲剧、壮剧。我们后世读史者不觉对之感奋兴起,自然而然的发生一种敬仰心,引起"有为者亦若是"的情绪,愿为社会先驱的决心亦于是乎油然而起了。这是由史学的研究引出来的"舜人亦人"感奋兴起的情绪。自然，随着史学研究的利益，亦有些弊害影响到我们心性上的。例如治史学的人，临事遇物，常好迟疑审顾，且往往为琐屑末节所拘，不能达观其大者远者，这不能不说是随着史学研究发生的弊害。但若稍窥哲学的门径，此等弊害，均能以哲学的通识达观药之，稍一注意，即能避免。吾信历史中有我们的人生，有我们的世界，有我们的自己，吾故以此小册为历史学作宣传，煽扬吾人对于历史学研究的兴趣，亦便是煽扬吾人向历史中寻找人生、寻找世界、寻找自己的兴趣。

署名：李守常
《百科小丛书》第51种
商务印书馆出版
1924年5月